苗刀

——套路与实战技法

张万龙　著

人民体育出版社

图书在版编目（CIP）数据

苗刀：套路与实战技法 / 张万龙著. -- 北京：人民体育出版社, 2021（2024.5重印）

ISBN 978-7-5009-6033-1

Ⅰ. ①苗… Ⅱ. ①张… Ⅲ. ①刀术(武术)—基本知识—中国 Ⅳ. ①G852.22

中国版本图书馆CIP数据核字(2021)第067916号

示范： 张万龙　张峻宾

摄影： 刘洪艳

*

人民体育出版社出版发行

北京中科印刷有限公司印刷

新　华　书　店　经　销

*

880×1230　32开本　6.5印张　180千字

2021年12月第1版　2024年5月第3次印刷

印数：6,001—8,000册

*

ISBN 978-7-5009-6033-1

定价：29.00元

社址：北京市东城区体育馆路8号（天坛公园东门）

电话：67151482（发行部）　邮编：100061

传真：67151483　邮购：67118491

网址：www.psphpress.com

（购买本社图书，如遇有缺损页可与邮购部联系）

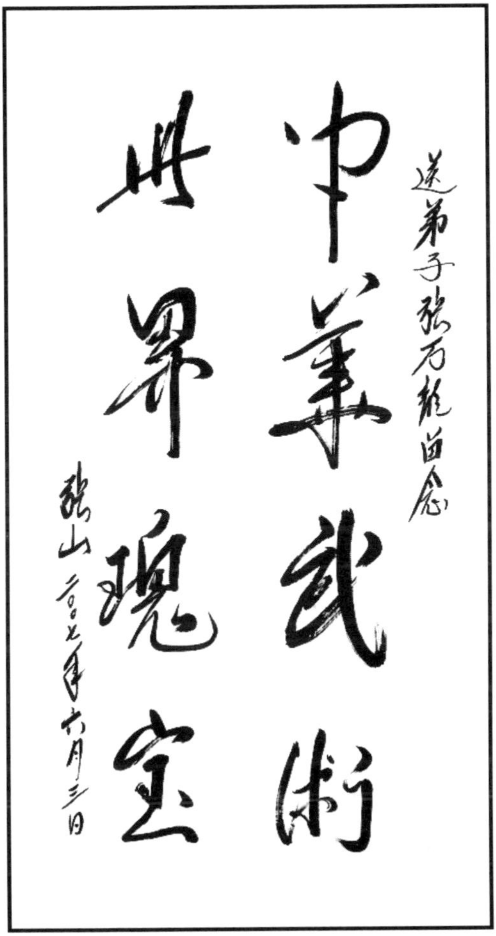

原中国武术协会副主席、武术泰斗张山为
弟子张万龙题词

作者简介

张万龙　武道黑带八段，国际级裁判，武术段位制考评员，职业散打教练员。苗刀传人。国家体育总局武管中心首批批准合格自由搏击及MMA综合格斗裁判员、教练员；沂水县搏击协会会长，沂水县武术协会副会长。临沂大学沂水校区客座教授、青岛大学御搏术协会技术总监、加拿大国际武术散手道联盟副主席。被评为“世界十大技击名家”“中华武术十大人气王”“武魂百杰之中国当代武学名家”。

张万龙自20世纪90年代末至今在国内外武术和散打比赛中12次获得金牌，曾以省队级别教练带队参加全国自由搏击锦标赛、全国泰拳锦标赛。他是中国实用武技的倡导者，创建了不同于擂台搏击，以街头抗暴、防身

自卫为目的的御搏术体系。同时他也是中国最早的MMA综合格斗推广人之一。多次受邀为武警官兵、公安局特巡警、解放军战士传授实战功夫。张万龙不仅在实战格斗方面武艺高强，还兼修陈式太极拳、杨式太极拳，造诣颇深。

2003年他创办了苍龙功夫院，培养了众多学生，多年来带领学生征战散打锦标赛、全国拳王争霸赛、世界散打王争霸赛，以及武林风、战极格斗、城市英雄、战太极、功夫王等商业比赛，获胜100余场，还多次担任散打搏击比赛裁判长。

2021年作为总策划，成功策划举办了《好汉传说》搏击争霸赛，吸引了全国各地职业搏击高手前来参赛。

教学之余在《搏击》《拳击与格斗》《精武》等权威杂志发表了50多篇文章，出版的专著《实用搏击术》被“北京大学图书馆”“清华大学图书馆”收藏。

前 言

苗刀是中国古代冷兵器的代表性刀法，从双手刀演变而来，是中华武术宝库中的优秀文化遗产。

笔者自幼喜欢对抗类实战武学，除了研究教学散打、自由搏击与御搏术等实战武技，还喜好冷兵器实战技法，在看到苗刀这种长刀时，更是喜欢，由此开始了研究之路。从古籍《辛酉刀法》《单刀法选》《单刀图说》及朝鲜版的《武艺图谱通志》中探索实战用法，研发仿真的刀具，经常穿戴护甲与学生们实战，探索古书中的用法，终于有所收获，取得了一点心得体会。2005年作为嘉宾，参加了当年影响很大的武塞网举办的全国MMA与兵器比赛，见到了很多兵器选手的兵器技术，也观看了日本剑道的实战，更加深了对苗刀技术实战化的研究；后专程到河北沧州寻访苗刀传人，得到民国苗刀宗师“郭燕子”郭长生之子郭瑞祥的指导。郭瑞祥老师精通两路苗刀，是中国当代十大名师之一。由于郭瑞祥老师年龄较大，套路由郭铁良大哥演示指导，由此掌握了两路苗刀的技术体系。为了解双手兵器的不同之处，又专程去山西太原向山西大学武术教授毛明春学习鞭杆，通过鞭杆的对打，明白了双手棍法的玄妙，可作为兵器对抗的参考。

后来，通过把现今两路苗刀中具有实战性的动作拆开，与古书中的技法对照，通过反复的演练与对抗，基本上把刀法的实战价值挖掘出来了一部分，还原了中国古传刀法，带领学生多次与此道中人交流。2017年带学生参加武当山国际演武大会举办的短兵比赛，采用苗刀实战技法的训练，散打队中没有刀法实战经验的学生经过一个星期的训练后，居然连胜三人获得冠军。

近几年国内苗刀爱好者越来越多，笔者一直想写一本关于苗刀的书籍，通过一段时间的整理，终于把两路套路完成，又结合《辛酉刀法》《单刀法选》《单刀图说》把苗刀套路的实战用法解释出来，以供苗刀爱好者研究参考。套路的演练没有对错，而用法有对错，套路只是锻炼与演练，而用法错了在实战中则会失败，所以苗刀的精髓就是实战用法，本书也特别对此进行了介绍。

本想把这些年研究古传刀法的实战用法一并写出来，后来考虑到这是写苗刀，而古传的刀法与苗刀还是有一定不同的。所以本书后面章节介绍的实战用法以两路套路中的动作为主，其他刀法为辅，待时间允许，专门撰写一本古传实战刀法供大家参考。

感谢师父原中国武术协会副主席张山对我大武术观的引领教导，感谢郭瑞祥老师的指点，感谢郭铁良大哥的套路演示指导。

书中的技术图片由刘洪艳、张峻宾协助拍摄，本书的付梓，与他们的积极协助是分不开的。

今天书稿终于完成，希望能对苗刀爱好者起到抛砖引玉的作用，由于水平有限，书中难免有不妥之处，望广大读者给予指点斧正。

目 录

第一章　苗刀概述

苗刀是我国古代优秀的冷兵器之一，最早可以追溯到西汉时期，已经有2000多年的历史。西汉长刀，刀身通常一米以上，刀柄后部为环形，称为“环柄刀”或“环首刀”，这便是苗刀的雏形。经过2000余年军事战争的需要，这种起源于汉代的刀不断被改进，最终成为今天的苗刀。现今的苗刀刀法又经过数代武术家的改进，具有演练、防身、健身的功用，成为中华民族武术宝库中的瑰宝。

第一节　苗刀的历史与传承

一、战国至汉代长刀的发展

长刀是在西汉时期出现并盛行的一种兵器，西汉之前的商朝虽然已出现铜刀，但形制很短，是仿制原始社会的石刀与骨刀，长度仅有20～40厘米，并不是军队中使用的战场武器。

到了西汉初期，因为战争的需要，慢慢兴起了加长了刀身的长刀，它是在剑的基础上演变出来的一种新式兵器。这种刀长1米或更长，直身，一侧是锋利刃口，另一侧为厚重的刀背，刀尖斜直，刀柄端连铸一铁环，所以叫“环首刀”或“环柄刀”。这种刀利于斩杀，杀伤力明显高于剑，慢慢成为战争中的主要武器，这便是我国冷兵器时代中国战刀的雏形。因是在汉代出现，也称“汉刀”。环首刀在样式上与现今的苗刀大体一致，这种样式的刀可以确定是苗刀的原形。

其实战国时期就已经出现了环首刀，只是形制较短，有出土文物为证据。如1965年河北易县燕下都44号战国墓出土了一件残缺的环首刀。该刀残长30.3厘米，柄长12厘米。刀身、刀柄及刀环为一体锻造。1982

年，湖北出土了一件战国晚期的环首刀，该刀全长77厘米，刃长62厘米，刀身、刀柄及刀环也是一体锻造。这种刀与现今苗刀长度差异较大，不能算作苗刀的雏形，这应该是汉代环首刀的最早雏形。（图1–1）

河北易县燕下都44号战国墓出土的环首刀

湖北出土的战国晚期环首刀

图1–1

（引自《轻兵器》2012年2期《汉魂唐魄：细说环首刀》，作者：秦延景）

春秋战国时期，军队常规配剑，刀并不多见。从出土的实物来看，这个时期确实已经出现了环首刀。可能与汉代对抗匈奴骑兵的战争用刀有所不同，刀对战争的作用并不是很大，所以没有受到重视，没有成为主流兵器。

通过考古发现，汉代的刀逐渐展露在世人面前。

1957—1958年在河南洛阳的23座西汉墓里，都发现了随葬的环柄长刀。它的长度为58～114厘米。

巫山神女路东汉中期二号墓出土的铜质大刀，全长83.5厘米。（图1–2）

图1–2　巫山神女路东汉中期二号墓出土的铜质大刀

（引自《南方文物》2013年第4期《论汉代的环首刀》，作者：陈锡兴）

临沂市的兰陵县（原苍山县）1974年曾出土一把东汉永初六年（公元112年）的环首刀，全长111.5厘米，此刀现保存在中国历史博物馆内。（图1–3）

图1–3 兰陵县乐汉永初六年出土的环首刀

（引自《中国古代兵器图册》第36页，作者：刘旭）

陕西刘家渠东汉墓也出土了这样的环首刀，形状基本相同。（图1–4）

图1–4 陕西刘家渠东汉墓出土的环首刀

（引自《中国古代兵器图册》第36页，作者：刘旭）

程庄三九号新莽、东汉早期墓出土铁刀100.4厘米。（图1–5）

图1–5 程庄三九号新莽、东汉早期墓出土的铁刀

（引自《华夏考古》2009年第4期《河南镇平县程庄墓地汉代墓葬发掘简报》，作者：郑州大学历史学院考古系、河南省文物管理局南水北调文物保护办公室、南阳市文物考古研究所）

除了以上众多出土刀的实物，从一些古代画像中也可以见到这种长刀，可以作为参照与对比。

在嘉祥县宋山画像石“二桃杀三士”中，三个人手持环首长刀挥舞，从图中可以看出刀的样式。（图1–6）

图1-6　“二桃杀三士”画像

（引自《沂南古画像石墓发掘报告》，作者：曾昭燏、蒋宝庚、黎忠义）

河南邓县出土的汉朝画像砖，随从携带的环首刀比较长，高度几乎接近人的身高。（图1-7）

图1-7　河南邓县出土的汉朝画像砖中的环首刀

（引自《轻兵器》2012年第2期《汉魂唐魄：细说环首刀》，作者：秦延景）

西汉以前战场断杀用的主要兵器是剑，而不是刀。西汉的军队舍弃了剑而选用环首刀为主要的武器，是因为剑不利于骑兵的马上作战。汉代初期曾频繁与北方匈奴的骑兵作战，且持续了近百年。汉高祖七年（公元前200年）冬十月，平城白登之围爆发，汉军在惨败的同时，也见识了匈奴骑兵的精锐。为了对付匈奴，汉代开始大规模使用骑兵，到汉武帝刘彻的时候，大将卫青、霍去病、李广等，率汉军骑兵主力给匈奴以致命打击，至此匈奴远遁。

毋庸置疑的是，汉军此时的主力大部分是骑兵，而环首刀比剑更适合骑兵使用。剑两面开刃，另一侧的刃无法发挥作用，由于两边厚度相同，不利于劈砍，还极易折断，而且锻造复杂，这时兴起的环首刀恰恰迎合了骑兵的需要。环首刀刀身长，单面开刃，刀脊厚，锻造精良，不容易折断；同时刀身轻便，更利于挥扫劈砍，大幅提高了骑兵的战斗力，因此，成为汉军横扫匈奴的重要利器。

从以上出土的长刀来看，样式与今天的苗刀几乎一致，只是长度略有差异，这是正常的，因为在这个基础上，后世不断改进才慢慢形成今天苗刀的样式。所以，这种刀就是苗刀的雏形，由此也证明苗刀就是我们中国的刀。

二、汉代后至唐代长刀的发展

三国时代，各国军队也大量生产汉代的环首刀，制作中使用两汉的炒钢、百炼钢、淬火等钢铁生产技术，士兵每人配发一把环首刀。比如我们熟知的词语“蒲元识水”，就是来源于《太平御览·蒲元传》。三国时蒲元为诸葛亮的军队在斜谷造刀，为了造出好刀，还专门使用蜀江的江水来为刀刃淬火，所造的三千口刀非常锋利，能劈开装满铁珠的竹筒，被称为“神刀”。可见环首刀在当时的重要程度。

1987年出土的三国时代的环首刀，是目前发现最长的环首刀，刀长146厘米，与明代记载的长刀及现今的苗刀长度更接近，或者基本一致。（图1-8）

图1-8　1987年出土的三国时代的环首刀

（引自《轻兵器》2012年第2期《汉魂唐魄：细说环首刀》，作者：秦延景）

南朝时期陶弘景在《刀剑录》中描述，孙权在黄武五年（公元226年）造剑十口、刀万口，各长三尺九寸。从这里可以看出，剑在这时并没有大量铸造，可见用量不大，作为装饰的可能性较大。而刀则为士卒在战场上大量使用的兵器，所以是以万的数量来铸造的。

唐代更是长刀的顶峰时期，长刀大量装备军队、仪仗队，并成为大规模的制式武器，当时长刀叫作陌刀。杨泓的《中国古兵器论丛》解释说："陌刀，长刀也，步兵所持。"在唐史及后世的众多史书中多有记载。如《唐六典》："武库令刀之制有四，仪刀、障刀、横刀、陌刀。"其中横刀和陌刀多为军队所采用。《旧唐书》提到猛将李嗣业时说："李嗣业，京兆高陵人也。身长七尺，壮勇绝伦。天宝初，随募至安西，频经战斗，于时诸军初用陌刀，咸推嗣业为能。每为队头，所向必陷。"显然李嗣业的刀法达到一流高手的水平。还有一段这样的记载："步卒二千以陌刀、长柯斧堵进，所向无前。"《武经总要》卷三"叙战"说唐军所设阴阳阵、雁行阵都用到陌刀。

三、明清时期又兴起了长刀与长刀技术

唐以后，这种自汉代流传下来的长刀与技术失传了，故明末清初的吴殳在《单刀图说》里说："唐有陌刀，战阵称猛，其法不传。"也就是说到了明清时期，汉代、唐代的双手刀基本已经失传，因为从唐到明，史料中几乎再也找不到有关长刀的记载，元代、宋代记载军中武器的史料中的刀型与汉代的"环首刀"大不相同，由此证明这种刀在我国基本已经绝迹，刘旭的《中国古代兵器图册》有两幅元宋时期刀的图形，与汉唐以往的环首长刀差别巨大。（图1–9）

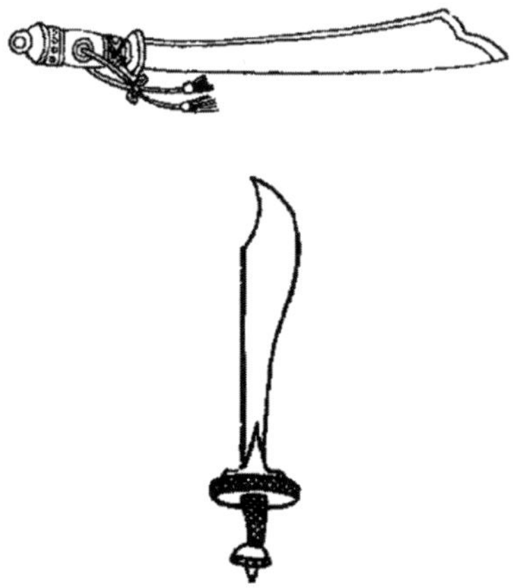

图1–9　宋代刀及元代刀

到了明代中叶，倭寇横行，在我国沿海一带不断侵扰劫掠。在明军与倭寇的战斗中，倭刀巨大的杀伤力引起了明军将领及武艺家的重视，并持续影响到明末清初的武艺家们，这些人对日本刀进行了深入的学习与研究，如戚继光、何良臣、刘云峰、石电、程冲斗、吴殳、茅元仪等。

在抗倭的战争中，戚继光是一位卓越的将领，他对倭寇使用的长刀有过很多的描述。戚继光在《纪效新书》长刀解中这样写道："此自倭犯中国始有之。彼以此跳舞光闪而前，我兵已夺气矣，遭之者身多两断。缘器利而双手使，用力重故也。"其中的"始有之"，是才开始有的意思，这说明戚继光以前没有见过这种刀，所以才有"始有之"这句话。因为戚继光不是史学家，不曾研究跨越多个朝代的刀法史料，也未曾见过汉代的实物，所以不知道这种刀其实我国自古就有，但由此也证明这种刀到明代几乎已经绝迹。

《纪效新书》记载的长刀样式，刃长五尺，柄长一尺五寸，共六尺五寸。（图1–10）

图1–10　《纪效新书》记载的长刀样式

戚继光在《纪效新书》早期版本中说："世传刀法甚多，传其妙者绝寡，尚候豪杰续之。"可见戚继光认为当时我国社会上所传的刀法是不实用的，所以没有收录任何刀法，恰恰这个时候倭寇的出现又使长刀进入了我国。戚继光在一次与倭寇的对战中，取得了倭寇《隐流（或作阴流、影流）之目录》的刀法原本。也有人认为戚继光将《隐流之目录》写成了《辛酉刀法》。中国历史档案馆保存的重要资料《苗刀考证》中这样写道："苗刀用以冲锋陷阵，远胜单刀及其他短兵""迨明季戚继光将军，改铸精绝，传之于其部下，杀敌致果，斩将搴旗，赖此刀法，威镇华夏。"

明代的何良臣在《阵记》卷二中述："日本刀不过三两下，往往人不能御，则用刀之巧可知。"

明代浙江的刘云峰学得倭刀法，引起了武艺家程冲斗的注意，他专程去找刘云峰学得此刀法，艺成后，程冲斗又找到当时南北有名的刀法家亳州郭五，并把倭刀与郭五的刀法做了比较，发现刘云峰传授给他的刀法胜郭五的刀许多。刘云峰传授的长刀有势、有法而无名，程冲斗便依势、依像撰其名，整理编写了《单刀法选》，从而使长刀更好地流传后世，为苗刀的发展与传承做出了贡献。

江苏的军旅武术家石电也学得日本刀法，他的弟子有陆桴亭、吴殳、夏君宣、夏玉如。据陆桴亭的记述，石电与刘云峰曾一起学过倭刀。

明末清初的吴殳是石电的学生，吴殳也对长刀情有独钟。他对程冲斗的刀法提出了一些不同的意见，并对自己所学的长刀进行了整理修改，加入了渔阳老人的剑术，撰写了《单刀图说》。他在其中说："斫削粘杆，余本得之渔阳老人之剑术，单刀未有言者，移之为刀，始自余始。"可见把剑法融入双手刀法中在以前是没有的，而是从吴殳开始的，这也丰富了苗刀的技艺。

明代是长刀兴起的重要时代，它的兴起使失传已久的长刀重新流传于世，奠定了今天苗刀这一民族遗产。

四、民国到现今的苗刀

清末河北连镇杨氏（其名不详）得自一位游方僧人传授苗刀，杨氏传桑园镇谢晋汾（字海秋），谢又传当时闻名南北的著名武术家刘玉春（河北独流人）。民国十年前后，曹锟在保定练兵，在军中设立苗刀营，聘刘玉春为教习，原中央国术馆教授郭长生（字恩普，河北沧州人）得刘玉春真传。苗刀原只有一路，后在南京国术馆期间郭长生等武林先贤集前人苗刀之精华，创编了二路苗刀，丰富了苗刀的技艺。

南京中国第二历史档案馆保存的一份宝贵史料《苗刀考证》最后这样写道："……前中央国术馆教授郭长生，系刘教习（刘玉春）秘授，故其技之玄奥，亦独冠侪辈云。"郭又传其子郭瑞祥等，郭瑞祥老师在武术方面的突出贡献，受到了国家体委和政府的表彰及奖励，被评为

“中国当代十大武术名师”，武术最高段位“中国武术九段”。郭瑞祥老师对苗刀现今的发展做出了很大的贡献，是一位德艺双馨的武术大家。

另据马明达先生所著的《说剑丛稿》介绍，另一支双手刀的传承是，清代末年，河北盐山县武术家黄林彪从天津一个姓纪的人处学得双手刀，后传给了大弟子张玉山及晚年所收弟子马凤图。张玉山一支没有传人，马凤图则传给了二弟马英图及长子广达等人，又指导马明达先生研究双手刀法。1925年前后，马凤图曾将部分双手刀改编成简单易学的“破锋八刀”，并在西北军中推广。

张万龙喜欢实战武学，除了研究教学散打、自由搏击与御搏术等实战武技，一直对《单刀法选》《单刀图说》进行研究，经常穿戴护甲与学生们实战，摸索古书中的用法。2005年带弟子与学生参加北京武塞网举办的MMA比赛与兵器比赛，更加深了对苗刀技术实战化的研究。2017年带学生参加在武当山举办的短兵比赛，散打队学生在以前未接触过兵器训练的情况下，经过一个星期苗刀实战技法的训练，居然连胜三人获得冠军。

在多年的习武生涯中，张万龙又去河北沧州跟随郭瑞祥老师学习苗刀，郭瑞祥老师讲解了苗刀的要点与重点，还得到郭瑞祥老师早期弟子的技术演示。

最近几年国内兴起了苗刀热，使苗刀这个民族瑰宝又得以发展，这是一件非常可喜的幸事。

第二节　苗刀套路的起源

长刀在明代兴起时是没有套路的，有程冲斗的《单刀法选》为证：“以前刀法，着着皆是临敌实用，苟不以成路刀势。”可见程冲斗以前学习的长刀是没有套路的。但他不知道的是，在他之前的戚继光其实已经将刀编成套路了，不知什么原因，他没有接触过戚继光的刀法。

戚继光的《辛酉刀法》就是将长刀编成套路来练习的。看《纪效新书》，虽然只有图，没有表明是套路，但朝鲜的一本《武艺图谱通志》

却详细记载了从中国明代传入的武艺，其中收录了戚继光的《辛酉刀法》，记载非常详细，每势之间的连接都写得很清楚，确实是套路。对照之下，足以证明戚继光的《辛酉刀法》应该是中国最早、最详细用文字记载武术套路的著作。

这套《辛酉刀法》，虽然是套路，但除了起势与收势基本上都是实战的技法，没有什么花法。程冲斗不知道戚继光的长刀套路，说明戚继光的这套《辛酉刀法》当时应该流传不广，或因为是军中武艺而在秘密流传。而他从另一个途径接触到了倭刀，发现倭刀没有套路，这也证明戚继光时期取得的“阴流剑术”肯定也是没有套路的。由此看来，戚继光应该是双手长刀套路创始第一人。

程冲斗在戚继光之后整合了单刀术，著成了《单刀法选》。在《单刀法选》的“续总刀图说”里程冲斗这样说道：“以前刀法，着着皆是临敌实用，苟不以成路刀势，习演精熟，则持刀运用，进退跳跃，环转之法不尽。虽云着着实用，犹恐临敌掣肘。故总列成路刀法一图，而前图诸势，备载在中。又续刀势十二图于后，以便习演者观览。”从此段我们看出，程冲斗所学的刀法都是单势临敌的刀法，训练也是单势的习演。但是程冲斗又指出，“虽云着着实用，犹恐临敌掣肘”，就是说，虽是实用，但又担心单势的训练成效，在临敌时有所束缚。程冲斗认为单势的训练不能更好地发挥刀的优势，而成套的演练可以弥补这个不足。

于是，程冲斗创编了一套成路的刀法，把所学的各单势都包括在里面，形成了“总叙单刀一路”，具体描写了演练时每势之间的转换、连接，有起势，有收势，还列出了两张步法路线图。后又续编了十二个势在后面做补充，以便观览。

从以上种种资料来看，可以证明长刀套路的起源就是在明代，创编者是戚继光与程冲斗，戚继光在前，程冲斗在后，但技术上并不存在继承，完全是两个支流，但来源基本相同，均出自倭刀。现今的苗刀套路有戚继光套路传承下来的，但比较少见，而流行最广的一路苗刀与程冲斗的套路从名称到动作几乎完全相同，由此证明一路苗刀套路的具体创编者就是程冲斗。他们二人奠定了现今苗刀套路的技术体系，这便是苗刀套路的起源。

第三节　苗刀与日本刀的关系

历史上中日文化的交流、贸易活动及使臣往来，使中国的刀逐渐传入日本。由于汉代时环首刀在中国大量使用，在与日本的交流中，大量的中国刀进入了日本。1962年，在日本奈良天理市栎本古坟的古墓中，发现了一柄东汉中平年间（公元184—189年）中国制造的铁制环首刀，刀身镌有“百炼清刚，上应星宿，下辟不祥”等金错铭文。据《日本武器概说》的作者未久雅雄介绍，日本各地有不少汉刀和汉刀的仿制品出土。除了直接流入日本，大部分是中转朝鲜半岛传入的。随着汉刀流入，出现了大量的汉代仿制刀，这说明日本的刀确实受到了我国汉刀的影响。

从东汉灵帝到三国时期及曹魏时期的魏明帝，都曾向日本遣使赠送过中国的长刀，民间流入日本的应当也有不少。在日本九州岛熊本县的古墓中，曾发现刻有汉字铭文的日本大刀。日本考古学家小野胜年曾说，在著名的日本正仓院里，至今还保存着不少中国的刀剑。“献物帐”上还记有“唐式大刀”“唐刀”等中国唐代刀。唐式大刀就是唐代流行的陌刀，这种刀在中国已经失传，找不到实物，但日本还保留有实物。

所以吴殳在《单刀图说》中写道：“唐有陌刀，战阵称猛，其法不传。”吴殳发现来自日本的单刀可能与唐代的陌刀类似，写单刀的时候才用陌刀来做开头，他的意思是陌刀应该与单刀类似，只是失传了，否则何以在写单刀时用陌刀举例。明清时代其他的刀法也有很多，为何单单用陌刀说事，吴殳的这句话明显表明这两种刀法类似，再结合日本保留唐式大刀（陌刀）的事实，也证明日本刀法部分技术就是我国失传的陌刀。

日本保存的实物证明，中国的刀与技术理论对日本的刀产生了巨大的影响，无论汉代还是唐代，中国的刀一直通过不同的渠道流入日本，同时刀的技术也随刀流传日本。

日本把刀的技术称为“剑道”，把比武切磋称为“击剑”，这直接沿用了我国古代的武术术语。剑道一词最早是在中国出现的，可见《汉书·艺文志》中著录的《剑道》，书中记载了汉代以前的剑术，后来这部书在唐代前失传，慢慢地“剑道”一词在我国消失了。反而日本一直保留沿用这个词，明明是刀，却被称为“剑道”，这说明中国的刀不但流传到日本，包括技术理论及名称也一并流入日本，这便是中国刀法流入日本的证据。

在古代，由于我国的各种技术优于日本，日本往往就以我国为效仿对象。同样，武艺也是如此，即使在清代，技术也不断流入日本。民国时代武术家唐豪的《武艺丛书》记载的“清初张恒晫私往日本教习弓箭案”就是一个例子。雍正时期，浙江总督李卫风闻日本人招中国人前往教习弓箭，设法密探得知，日本一直出重金聘我国武人教习弓箭、藤牌，还偷买盔甲样式，还有就是聘请我国武举张恒晫前往日本教习弓箭，每年受银数千两，后张恒晫回国被治罪。从这段记述可见日本对我国技术的尊崇。我国的长刀在汉代以后就不断地流入日本，在这么漫长的时间里，长刀技术流入日本是确凿无疑的。

在唐代以后，由于各朝各代的禁武制度，不允许百姓拥有武器及结伴习武，使我国的刀法逐渐失传。

通过历史我们可以看出，日本把我国输入的刀术一直延续了下来，随后在明代又把这种在我国绝迹的刀法传了回来，这是一件可喜的事情。而从明代到清代这几位武术家的著作中我们可以看出，程冲斗把从日本传回中国的长刀单势创编成套路；吴殳把中国几近失传、世已久绝的剑法又融合到里面；戚继光也进行了大量的修改，才一步步形成现今的苗刀刀法，由此证明现今的苗刀就是我国固有的刀。

著名武术学者马明达在他的《说剑丛稿》里写道：“可以说，我国古代传去日本的双手刀剑法，经过了日本武士们的充实提高，又在明代带着东瀛风貌回到我国，这是一个含蕴丰富的、值得我们去认真探讨的中日文化交流活动。”马明达教授也认为传回中国的倭刀就是我们古代传到日本的刀法。

著名武术家郭瑞祥老师经过多年考证，也认为苗刀就是我国原有的刀，他在《苗刀技法》一书里说："日本对中国输入的长刀（苗刀），在制作工艺和技术上做了很多精心的改进，技法也比较精良，随后日本又把别具一格的长刀传回中国。"

第四节　苗刀的风格特点

一、刀长

我国常规的刀剑一般长1米左右，而明代记载的苗刀全长5尺，虽然当时各种尺寸长短不一，但误差不大，5尺为140～150厘米。现今的苗刀一般为138～150厘米，这样的长度使苗刀在对付一般的短器或刀类兵器时就占有绝对优势。

武术向来就有"一寸长一寸强，一寸短一寸险"之说，指的就是攻击武器长了自然占便宜。比如普通人打斗，身高臂长的人明显占优势。兵器更能体现长的优势。枪法一直被誉为"百兵之王"，首先就是因为长。戚继光在《纪效新书》手足篇第四的"短器长用解"里有很透彻的解释，对于刀棍一类的兵器对付长枪时他讲："短兵利在速进，终难接长，持久即为所乘。今俱加长，别有尺寸。手握根间，一寸不可留。"这是说短器对付长器很难，如果不能靠步法速进，时间长了则必为枪手所杀伤。而后，他把大部分短兵器都加长成了与原兵器不同的尺寸，手握时要尽量握到根上，最大限度地把兵器延长，可见长才是制敌的关键。以长制短很容易，以短降长则难上加难。

吴殳在《手臂录》"短降长说"里说："长之制短在器，其故易知。短之降长在人，其故难知。"这句话的意思是以长兵器胜短兵器在于武器，道理容易知道。用短兵器胜长兵器在于人，在于这个人的技术，这个人的武艺要超过拿长兵器的人很多才有把握。吴殳在《单刀图说》中又讲："每见单刀高手，平日侈言破枪，及至赴敌，莫不惊枪而往，则其实用可知矣。”这是吴殳评价那些喜欢吹嘘以短破长刀师的评语，也由此证明长就是武器的优势。相对刀而言，苗刀受重量、使用的限制，这个长度基本上就是单刀最合理的极限了，而苗刀是所有单刀或剑一类短器中最长的刀了，这便是它的优势。

二、双手握把

我国常规刀剑一般都以单手握把为主。古代战士上战场时，一手拿刀剑，另一只手配以盾牌，搭配使用。单手握的刀剑自然不能太长，否则拿不动，如果不搭配盾牌使用，单手握的短兵器不占优势。戚继光在《纪效新书》中说“腰刀，无牌，刀短不可入阵” 。

苗刀不同于一般刀剑的特点是双手握把，首先因为苗刀刀长，单手握自然很吃力，不能轻松劈刺，双手握把则运用自如，能充分用身体的力量挥砍。故戚继光在《纪效新书》长刀解里评价倭刀：“我兵短器难接长器，不捷，遭之者身多两段，缘器利而双手使，用力重故也。”苗刀锋利又长，双手使用，可以瞬间将人劈为两段，这就是双手使用的好处。所以，双手握把是苗刀的一个鲜明特点。由此可见，简单的一个双手握把的特点，足以显示苗刀在实用方面的珍贵。

三、简洁

苗刀的另一个特点就是简洁，尤其是一路苗刀，可以说是朴实无华，没有多余的刀花，一击一刺，简单明了，不同于一般的中国花刀。目前社会上流传的刀法套路趋于复杂化、花样化，这也受到了一部分外行的青睐。事实证明，其实越是简洁的技术越是实用。

从《单刀法选》与《单刀图说》来看，上面也没有记载所谓的步型。现今的武术套路，弓、马、仆、虚步等各种步型都是固定的形状，其实不利于格斗。而苗刀的套路步型则不太多，都不是定势，部分有步子形状的姿势也不同于现今套路那样标准，在快速的运动中还要保持标准的步型其实没有太多必要。

四、演练风格

由于苗刀刀身长、把长，与传统的中国花刀不同，需要双手持握，演练起来，势大力沉，威猛剽悍，疾速凌厉，势如破竹，只见刀光闪闪，光耀夺目。在步法与身法上更是要求步子急速，灵活多变，闪展腾挪，逢进必跟，逢跟必进，进退连环，以身催刀，刀随腰转。在实际运用时攻防兼备，待势而击。明代武艺家程冲斗在《单刀法选》一书中说："其用法，左右跳跃，奇诈诡秘，人莫能测，故长技每每败于刀。"可见苗刀的技法变化多端，防不胜防。

苗刀的技法兼具刀法的劈、砍，枪法的扎、刺，剑法的点、挑、刺及撩、削、推、挂等特点。势法简捷直接，没有花架子，实用性强。攻防技法变化多端，每一势之中蕴涵多种巧变，实为刀法中的上品之作，经吴殳改进，更具有中国武术的特点。

目前流传的苗刀具有代表性的有两路。两路苗刀除具有共同的风格特点外，还有各自的风格特点。一路苗刀也叫原路，多由基本刀势组成，势法浑厚矫健，大劈大砍，名称、刀势与程冲斗及吴殳的刀法基本一致。二路苗刀也叫新路，是原南京国术馆教授郭长生与同仁在一路的基础上，融合通臂二十四势的步法而创编，因此，其动作多变灵活，左右辗转连击，疾速有力，攻防的连击性更强，既体现出雄健有力，又体现出奇妙、敏捷。

第二章　苗刀的基本技法

第一节　苗刀的规格

明代程冲斗的苗刀制式标准也就是苗刀现今的主要标准。《单刀法选》记载，苗刀全长五尺，刀长三尺八寸，柄长一尺二寸，也就是刀身约115厘米，刀柄约35厘米，总长约150厘米；刀的宽度为一寸二分，护手为圆形、椭圆形等；刀背最厚，逐渐到刀尖、刀刃，越来越薄。（图2–1）

图2–1

第二节　苗刀的基本握法

一、抱刀

抱刀主要用于套路演练，拇指在前压住刀盘，食指压住刀柄，其余三指在后托住刀盘，手腕贴靠刀盘，刀刃朝前，刀尖朝上，刀背贴左臂内侧，抱于体侧。（图2–2）

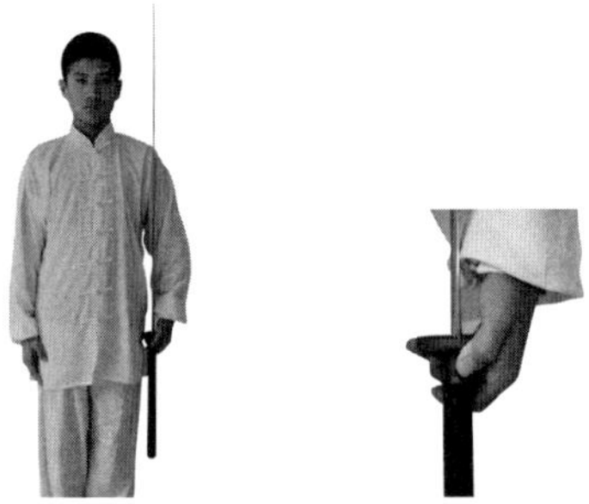

图2–2

二、提刀

提刀主要用于套路演练时的起势，左手大拇指压于刀盘上方，其余四指扣握于刀盘下方，这样刀柄完全空出，右手可以直接虎口贴刀盘接刀。如果左手握刀柄而不是刀盘，右手则无法一下握住刀柄，影响演练。（图2-3）

图2-3

三、单手握刀

一手握住刀柄，虎口靠近刀盘，略留缝隙，不可紧贴刀盘，虎口与刀脊在一条线上。（图2-4）

图2-4

四、双手握刀

一手握住刀柄靠近刀盘处，略留缝隙，另一手握住刀柄后部，前手握实，后手视情况而定，有时实握有时虚握，发力时实握，舞花、转换、云刀、前手卷腕时虚握，以利于刀灵活转动。双手虎口朝前为常规握刀（图2–5），两手卷腕，手心向上为卷腕握刀（图2–6）。

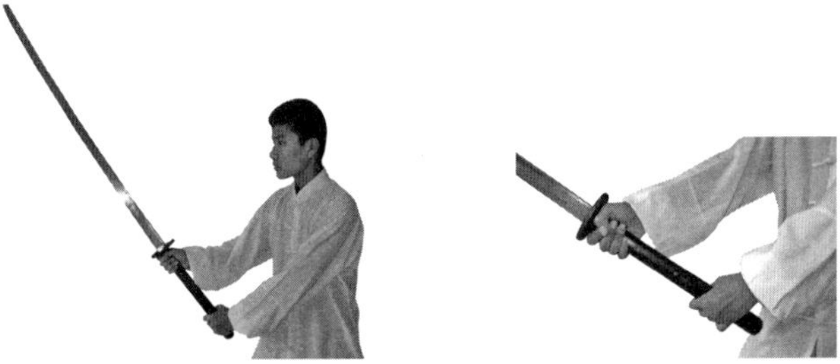

图2–5

图2–6

第三节　苗刀的术语与要求

（一）刀法

刺刀：刀刃朝下、朝上或朝一侧，刀尖向前直扎，力达刀尖，臂与刀成一直线。

砍刀：刀向左下方或右下方为砍。

撩刀：刀由下向前方为撩，力达刀身前部，向后撩为反撩刀。

劈刀：刀由上向下为劈，力达刀刃。劈刀有刀刃劈、刀背劈之分。

推刀：一手持刀，一手附于刀背前推。

剁刀：刀身与地面平行，由上垂直向下为剁，力达全刀刃。

点刀：提腕，刀尖向下点，力达刀尖。

挂刀：刀尖朝下，由前向左或右、向后挂，力达刀背前部。

格刀：刀尖朝下或朝上，刀刃朝外，向左、右摆动格挡。

削刀：刀刃由前向下或向左下方、右下方斜削，刀刃斜朝下。

戳柄：刀柄直线向前或向左、右戳击，力达柄端。

舞花：以腕为轴，刀在臂两侧向前下贴身立圆绕环，刃背分明。

云刀：刀在头顶或头前上方平圆绕环。

带刀：刀尖朝前，刀刃朝左（右）由前向侧后抽回。

藏刀：刀身藏于腰后。

扫刀：刀刃平行横击，力达刀刃。

（二）步型

弓步：两腿前后开立，前腿屈膝，膝与脚尖垂直，后腿挺膝伸直，脚尖稍外展，斜朝前方，全脚着地；上体正对前方。

马步：两脚平行开立，距离比肩稍宽，身体重心落于两脚之间，脚尖稍内扣，两腿屈膝半蹲，脚尖稍内扣，上体挺胸收腹；目视前方。

虚步：两脚前后开立，身体重心落于后腿，后脚尖外摆约45°，屈膝半蹲，全脚掌着地，前腿微屈，脚背绷紧，脚尖稍内扣，脚前掌虚点地面，上体挺胸收腹；目视前方。

歇步：两腿交叉，屈膝下蹲，前脚全掌着地，脚尖外摆，后脚前脚掌着地，两腿靠拢贴紧。

插步：两腿交叉，前脚尖外摆45°，全脚着地，屈膝半蹲，另一腿挺膝伸直，前脚掌着地。

并步：两腿伸直并拢，全脚着地。

前点步：两腿伸直，一脚前出半步，脚前掌虚点地面，上体挺直。

后点步：两腿伸直，一脚后撤半步，脚尖虚点地面，上体稍前倾。

独立步：一腿屈膝支撑站立，另一腿屈膝提于体前。

拗步：上体与下体相拗，如左脚在前，右臂向前，左脚向前进，右臂即向前挥。

（三）步法

上步：后脚向前上一步。

退步：前脚向后退一步。

跟步：前脚向前上一步或半步，后脚随即跟进。

撤步：后脚退半步，前脚紧跟后退半步。

斜进步：脚向斜前方上步。

盖步：后脚提起向前横脚迈进，落于前脚之前，脚尖外展约45°。

跳步：一腿蹬地起跳，另一腿向前上摆落地，随即蹬地腿向前落地。

第三章　一路苗刀

一、动作名称

预备势

第一段

1. 虚步按刀势
2. 转身刀出鞘势
3. 单撩刀势
4. 按虎势
5. 入洞势
6. 单撩刀势

第二段

7. 单回刀势
8. 拦腰刀势
9. 右独立势
10. 左独立势
11. 迎推刺刀势

第三段

12. 左单摆刀势
13. 上步转身斜削刀势
14. 迎推刺刀势
15. 漫头舞花刀势
16. 斜削刀势
17. 迎推刺刀势

第四段

18. 上弓刀势
19. 圈点刀势
20. 滑拿一刀势

第五段

21. 翻身劈刀势
22. 单回刀势
23. 单刺刀势
24. 担肩刀势
25. 戳把势
26. 斜削刀势
27. 右撩刀势
28. 左撩刀势
29. 右跳砍刀势
30. 藏刀势
31. 左跳砍刀势

第六段

32. 朝天刀势
33. 点刀势
34. 右定膝刀势
35. 左定膝刀势

第七段

36. 反点刀势

37. 滑拿一刀势

第八段

38. 回身左撩刀势

39. 右撩刀势

40. 转身右撩刀势

第九段

41. 回身左撩刀势

42. 右撩刀势

43. 转身右撩刀势

44. 回身拦腰刀势

45. 收刀入鞘势

收势

二、动作图解

预备势

自然直立，两脚并拢；左手持刀，左手大拇指压于刀盘上方，其余四指扣握于刀盘下方，提刀于身体左侧，左臂略屈肘，刀背朝上，刀尖向后斜下方，右手五指并拢，自然下垂于身体右侧；目视前方。（图3-1）

图3-1

第一段

1. 虚步按刀势

左脚向前上半步，右脚向前上一步，脚尖点地成右虚步；同时右手向上、向前、向左摆臂划弧抓握刀柄；身体略左转，目视左前下方。（图3-2）

图3-2

2. 转身刀出鞘势

（1）右脚向右侧上一步，脚尖外展；同时，右手持刀向右抽刀至右前方，手与肩同高，左手沿刀背向后展；目视前方。（图3-3）

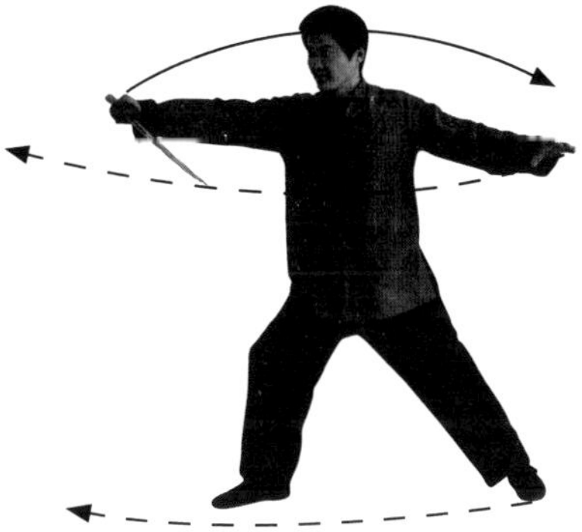

图3-3

（2）身体继续右转180°，左脚向右前上步，脚尖内扣；右手持刀继续向右前抽拉，刀刃朝外；目视刀身。（图3-4）

图3-4

（3）身体继续右转，左脚内扣；右手持刀，向右、向后环绕裹脑至头部左侧，刀刃朝前，左手内收至右胸前；目视右前方。（图3–5）

（4）身体右转约90°，右脚后撤一步蹬地伸直，左腿前弓成弓步；同时右手持刀，向前、向下、向后抽刀至右髋侧；左掌向前推出，刀刃朝下，刀尖朝前下方；目视左前方。（图3–6）

图3–5

图3–6

要点：上述分解动作必须连贯起来做，不可中断。转身要平稳，不可东倒西歪。刀绕环腕部要灵活，步法要协调一致。

3. 单撩刀势

（1）重心后移，身体略右转，右腿屈膝，脚尖外展；右手持刀向前、向上、向后带刀，刀刃朝上，刀尖朝左，左手回收胸前，再向下划弧至腹前；目视左前方。（图3–7）

（2）重心移至左腿，身体左转180°，右脚上步，右腿屈膝成弓步；右手持刀，在体侧向下、向前撩刀，右臂屈肘，刀刃朝上，刀尖朝前，左手向上、向后摆于体侧；目视刀身。（图3–8）

图3–7

图3–8

要点：撩刀时要屈腕，使手臂与刀有接近90°的夹角，不可手臂与刀成直线，防止刀砍到地面。撩刀与上步要一致。

4. 按虎势

（1）重心后移；右手持刀，使刀身向上经面前向后摆，左手随势按于刀背。（图3–9）

（2）两腿屈膝下蹲，左脚跟提起；同时右手持刀由上向下摆刀，左手随右手下按刀背，刀尖朝后，刀刃朝下；目视刀身。（图3–10）

图3–9

图3–10

要点：按刀与下蹲要同时进行。

5. 入洞势

左脚向前上一步，自然屈膝下蹲，右腿接近蹬直，上体侧倾；同时右手持刀，左手附于刀背，先向腰部收刀，随上步两手再向前方推刀，刀尖朝下，刀刃向前；目视刀身。（图3-11）

图3-11

要点：刀要从腰部推出，腰部要低，不可上拱。

6. 单撩刀势

（1）右脚尖外展，身体右转；左手握把成两手握刀，从上向后带刀，刀刃朝上；目视刀尖。（图3-12）

（2）身体向左转，右脚上步，与左脚并拢成并步；同时两手持刀，由下向前上方撩刀，刀刃朝左斜上方，刀尖朝前，双臂略微弯曲，刀把与胸同高；目视刀尖。（图3-13）

图3-12

图3-13

要点：撩刀时注意左手不要握死，要从刀柄一侧滑动到另一侧，上步与撩刀要同时进行。

第二段

7. 单回刀势

（1）左脚退步；左手松开刀柄，收回胸前成掌，右手持刀，以刀背向下挂边绕环，刀刃朝前。（图3–14）

（2）右脚退步；右手持刀继续向下绕环，至刀尖朝下时，右手腕内旋，刀刃领先向后、向前在体侧绕环一周，刀刃朝下，刀尖朝前，左手不变；目视前方。（图3–15）

图3–14

图3–15

（3）右腿屈膝半蹲，左脚后收成左虚步；右手持刀，向后抽刀至身体右侧，左掌前推，掌指与眉同高，刀尖斜向下；目视左掌。（图3–16）

图3–16

要点：右手持刀绕环动作要以手腕为轴，自然流畅，左手要推刀把。退步与抽刀要一致。

8. 拦腰刀势

（1）左脚上半步，身体略右转；右手持刀使刀刃向上，上摆至头上方，左手向上接住刀把，两手握刀上举；目视前方。（图3–17）

（2）身体左转接近180°，左脚尖外展，右脚上步，双腿屈膝成马步；两手持刀，使刀身在头上方从左向后、向右绕一圈，然后向前拦腰横砍，刀刃向前，刀尖向右；目视刀尖方向。（图3–18）

图3–17

图3–18

要点：横砍要有力，借助转身之腰力。

9. 右独立势

（1）身体右转约90°，右脚向右后撤一小步活步；两手持刀，以刀背向下挂刀，刀刃朝前，刀尖向下；目视刀尖。（图3-19）

（2）身体继续右转90°，右脚尖外展，左腿提膝，脚面绷直，右腿挺膝直立成右独立步；两手持刀，以刀尖领先由右向上、向左、向下再向右上环绕一周后，提起至右前方，右臂弯曲，刀刃朝前，刀尖朝左前上方；目视左侧。（图3-20）

图3-19

图3-20

要点：挂刀时腕部要灵活，转身提膝要站稳。

10. 左独立势

（1）左脚尖外展下落，身体略左转；两手持刀，左手松握刀柄，以刀背向下、向后往左腿外侧挂刀，刀尖朝下；目视左下方。（图3–21）

（2）重心移至左腿，右腿屈膝上提，脚面绷直成左独立步；两手持刀，在身体左侧绕环至身后时以刀刃领先，向上、向前砍刀，刀柄后端在左腰侧，刀刃朝下；目视刀身。（图3–22）

图3–21

图3–22

要点：后挂刀要贴体侧，劈刀要有力。

11. 迎推刺刀势

右脚向前落地，右腿屈膝前弓，左脚跟进半步屈膝；同时右手内旋，左手外旋，腰部发力，两手持刀，向右前方拧转推刺刀，刀刃朝右偏上，刀尖斜向上，上体前俯，头部藏在右臂内侧，左肘朝下于胸前；目视刀尖。（图3-23）

图3-23

要点：上步与推刺一气呵成，两手同时拧转。前弓腿不可跪膝。

第三段

12. 左单摆刀势

（1）右脚后退一步；左手松开刀柄，贴住刀柄外旋，右手持刀，以刀背领先向下、向右，在右腿外侧绕环挂刀，刀尖朝下，刀刃朝前；目视刀尖。（图3–24）

（2）身体右转90°，右脚外展，右腿屈膝，左脚跟提起；左手拨刀把，使刀向右、向上、向左环绕一圈后，左手再握住刀柄，双手带刀至身体右侧，刀刃朝下，刀尖朝后，力达刀刃；目视刀身。（图3–25）

图3–24

图3–25

要点：退步、转身、绕环挂刀要协调一致。

13. 上步转身斜削刀势

（1）左脚向前上一步，身体右转，两腿直起；同时两手持刀，向上、向左前用力提撩刀，刀刃朝上，力达刀刃前段；目视刀尖。（图3–26）

（2）身体右转；两手持刀，以刀刃领先继续从左侧带至右侧。（图3–27）

图3−26

图3−27

（3）左脚向左上一步，右脚跟进，双腿屈膝下蹲；两手持刀向左前下方抽刀斜削，身体左拧回头，两臂使劲后带，刀刃朝外，刀尖朝右，力达刀刃；目视刀尖。（图3–28）

图3–28

要点：削刀时两手要使劲后带，不要砍刀，要削。

14. 迎推刺刀势

重心右移，右脚上前一小步，左脚跟进，脚跟提起，两腿屈膝下蹲，同时身体右转，腰部发力；两手持刀内旋，向右前方推刺刀，刀刃朝右偏上，刀尖朝前上方。上体前俯，藏头于右臂内侧，力达刀尖；目视刀尖。（图3–29）

图3–29

要点：基本要点与11势相同。

15. 漫头舞花刀势

（1）身体左转，左脚内旋，脚跟落地，脚尖外展，右脚蹬地，脚跟提起；两手持刀，以刀背领先向左前上方横摆，刀尖朝前；目视刀尖。（图3-30）

（2）左脚蹬地轻微起跳，右脚随起跳上步，身体左转180° ，左脚离地随身体向左摆；两手持刀向左前上方继续摆刀，刀尖朝前；目随刀势。（图3-31）

图3-30

图3-31

（3）左脚继续左摆落地，右脚掌内旋，两腿直立；两手持刀，先以刀背领先至身后时再以刀刃领先在头上方由左至右顺时针绕环一周，刀尖朝前，刀刃朝左下；目视刀尖。（图3–32）

图3–32

要点：起跳、身体旋转与刀绕环要协调一致，腕部要松活，不可僵硬死握。刀做环绕时，右手拇指与食指紧握刀柄，其余手指要松握刀柄，以利于旋转。

16. 斜削刀势

左脚后退半步，左腿屈膝半蹲，右脚略跟步，右腿略屈；两手持刀向下，向左下方斜削刀，两手后带刀柄至左外侧，身体左拧回头，刀刃朝外，刀尖朝右；目视刀尖。（图3–33）

图3–33

要点： 削刀时刀身不要摆动，要以刀柄领先。重心在左腿。削刀要有回抽回带之力，含胸拔背。

17. 迎推刺刀势

重心右移，右脚上前一小步，左脚跟进，两腿屈膝下蹲。同时身体右转，腰部发力；两手持刀内旋，向右前方推刺刀，刀刃朝右偏上，刀尖朝前上方，上体前俯，藏头于右臂内侧；目视刀尖。（图3–34）

图3–34

要点：要点同11势。

第四段

18. 上弓刀势

左脚跟向内落地，右脚跟向外展，身体左转成马步；右手向外翻腕，使刀尖向外划弧再向左横砍，两手握刀柄在胸前，刀尖朝前，刀刃朝右；目视刀尖。（图3-35）

图3-35

要点：腰要猛然左拧，两手要发力带砍，以腰带刀，动作要一气呵成。

19. 圈点刀势

重心后移至左腿，右脚撤一小步，脚跟离地；两手持刀，以右手为主向内旋转翻腕，使刀尖沿顺时针方向画圈，向下点刀，左手松握刀柄，在点的时候握紧协助右手上提刀柄发力，身体左拧发力，刀刃朝上，刀尖朝斜下；目视刀尖方向。（图3–36）

图3–36

要点：身体左拧与向下圈点要形成发力的对抗。

20. 滑拿一刀势

（1）身体右转，右脚上半步，右腿弯曲；两手持刀内旋向上摆刀，刀刃朝下，刀尖向前；目视刀身。（图3-37）

（2）两手持刀向下、向左、向上搅刀至头上方，刀尖朝上；同时右脚蹬地起跳，左脚上提，身体腾空而起；目视前方。（图3-38）

图3-37

图3-38

（3）左脚落地；两手持刀在前上方，刀尖朝上；目视前方。（图3–39）

（4）右脚随之向前落地，重心移至右腿，身体前俯，左腿向后撩起；两手持刀向前劈刺，刀刃朝下，刀尖向前；目视刀身。（图3–40）

图3–39

图3–40

要点：蹬地起跳与搅刀要同时，起跳要高、远，但要易于控制。劈刀要猛，手腕发力。劈刀时左手往上拔刀柄发力。

第五段

21. 翻身劈刀势

（1）左脚在身后落地，两膝略屈；两手持刀向外旋转使刀刃向左。（图3-41）

（2）身体左转180°，左腿屈膝成弓步，右脚跟提起；同时两手持刀经上向后劈刀，刀柄在胸前，刀刃朝下，刀尖朝前上方；目视刀尖。（图3-42）

图3-41

图3-42

要点：翻身劈刀一气呵成。

22. 单回刀势

（1）左脚退步；左手松开刀柄收回胸前，右手持刀，以刀背领先，向后、向下环绕。（图3–43）

（2）右脚退步；右手持刀，环绕至身后时再以刀刃领先，向上、向前环绕一周，刀刃朝下，刀尖朝前，左手成掌收于右胸侧；目视前方。（图3–44）

图3–43

图3–44

（3）右腿屈膝，左脚略收成左虚步；左掌向前推出，掌心斜朝前方，右手持刀向后抽刀至体侧，刀尖斜朝下；目视前方。（图3–45）

图3–45

要点： 右手持刀以右手腕为轴心绕环一周，绕环时除了拇指与食指紧握，其他三指要松握把，以利灵活。推掌抽刀要同时完成，一个向前，一个向后。

23. 单刺刀势

（1）左脚上一小步，略屈膝；上肢动作不变；目视前方。（图3–46）

（2）左脚蹬地向前起跳，右脚随之离地，身体腾空，两腿自然伸直；上肢动作不变；目视前方。（图3–47）

图3–46

图3–47

（3）右脚先落地，左脚依次落地；上肢动作不变；目视左掌。（图3–48、图3–49）

（4）右脚上步成右弓步；右手持刀经腰间向前刺刀，与肩同高，刀刃朝下，刀尖朝前，左手自然后摆；目视刀尖。（图3–50）

图3–48

图3–49

图3–50

要点： 跳步要远，上步、转身、刺刀要一气呵成。手臂与刀成直线，刺刀要有力。

24. 担肩刀势

（1）身体右转，左脚上步，双腿屈膝，重心在右腿；左手成掌，经体侧向前伸出，右手持刀，屈臂使刀绕左臂外侧，刀背贴左臂。（图3–51）

（2）右手持刀，经头上方绕至头后方，将刀横置于肩上扛起，刀刃朝上，刀尖朝左，左掌伸出，左臂伸直；目视左侧。（图3–52）

图3–51

图3–52

要点：左臂前伸与右手绕刀要同时进行，刀背贴臂。扛刀时刀刃不要朝向自己颈部，以免割伤。

25. 戳把势

身体左转210° 左右，左腿弯曲，左脚尖外展，右脚向左横摆一小步；右手持刀向左摆动，左手在胸前接住刀柄，两手握柄向前戳把，刀刃朝上，刀尖朝后，上体稍前倾，力达刀柄；目视刀柄。（图3–53）

图3–53

要点：戳把时始终扛着刀，刀不要离开肩部。

26. 斜削刀势

（1）右脚向右后跨半步；两手持刀，从头部右侧绕到头部左侧至左肩前，刀刃斜朝上，刀尖朝后上；目视前方。（图3–54）

（2）左脚向右脚后斜侧插步，脚尖点地，右腿屈膝，左腿伸直，身体向右拧转；两手持刀用力向右下方斜削，刀刃朝斜下方，刀尖朝后下方，力达刀前刃；目视刀尖。（图3–55）

图3–54

图3–55

要点：跨步、插步要连贯。斜削刀要借助身体拧转之力，发力顺畅会有刀破空的声音。

27. 右撩刀势

（1）左脚向左上步，身体略左转起身；两手持刀外旋使刀刃向下；目视左侧。（图3–56）

（2）身体左转，右脚跟步，脚跟提起；两手持刀用力向前、向上提撩刀，刀刃朝上，刀尖朝前；目视刀尖。（图3–57）

图3–56

图3–57

要点： 此势第一个动作即《单刀法选》上的提撩刀势、《单刀图说》上的撩刀势。撩刀时刀要与手腕有角度，无角度会使刀砍地。

28. 左撩刀势

（1）左脚尖外展，身体左转约90°，右脚上前一步；同时两手持刀向上、向后带刀至身体左侧下方，刀刃朝下，刀尖朝后；目视右侧。（图3–58）

（2）身体右转，左脚跟步，脚前掌着地；两手持刀向前、向上提撩刀，刀刃朝上，刀尖朝前；目视刀身。（图3–59）

图3–58

图3–59

要点：腰部发力，以身催刀，刀随身转。撩起后身体随势拧转，撩刀要有弧度。

29. 右跳砍刀势

（1）左脚上步，身体左转；两手持刀，以刀背向下、向后往左腿外侧挂刀，刀刃朝前，刀尖朝下；目视刀身。（图3–60）

（2）左脚蹬地向前起跳，右脚随势上提向前摆起，身体腾空，空中身体左转；同时两手持刀经身体左侧，变刀刃领先向右划弧；目视右侧。（图3–61）

图3–60

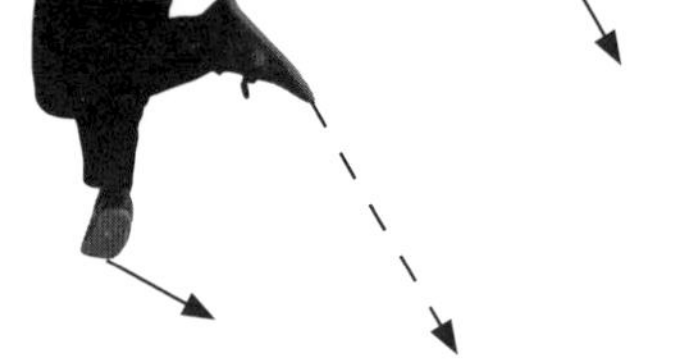

图3–61

（3）右脚落地，脚尖外展，左脚随之向右腿后插步落地，前脚掌着地，两腿屈膝下蹲成歇步；同时两手持刀，用力向右下砍刀，刀刃朝下，刀尖朝右，刀身与地面平行，与膝同高；目视刀身。（图3–62）

图3–62

要点：刀要由右向左旋转一周后再向右砍刀。手腕要灵活，同时要高举下砍，增加力量。双脚依次落地，不可同时。

30. 藏刀势

（1）左脚向左跨一步，左腿屈膝；双手持刀，手腕内摆，以刀背领先向左摆刀，刀刃朝前；目视左下方。（图3-63）

（2）重心右移；右手持刀，以刀刃领先向上、向右绕环，同时左手松开刀柄，向左侧摆起。（图3-64）

图3-63

图3-64

（3）右腿蹬直，左腿屈膝成左侧弓步；右手向内屈臂屈腕，使刀尖从左腋下穿出藏于左臂后，右手持刀柄置于左肋外侧，刀背贴身，刀刃朝外，刀尖朝上，同时左掌上架于头上方成横掌；目视右前方。（图3–65）

图3–65

要点： 左手架掌与右手持刀绕环要遥相呼应、协调一致，身体左拧，头向右转，目视右前方。

31. 左跳砍刀势

（1）左脚内扣，身体右转，右脚提起后收；右手持刀略前带，左手下落。（图3-66）

（2）右脚向前落地；左手接握刀柄，两手持刀，以刀背领先向右、向下挂刀至右腿外侧，刀刃朝前，刀尖朝下；目视刀身。（图3-67）

图3-66

图3-67

（3）右脚蹬地起跳，左脚离地向前上提摆起，身体腾空右转；两手持刀，在体前向右、向上、向左划弧绕行；目视左侧。（图3–68）

（4）左脚先落地，右脚随后向左腿后插步落地，两腿屈膝下蹲成歇步；同时两手持刀，用力向左下砍刀，刀刃朝下，刀尖朝左；目视刀身。（图3–69）

图3–68

图3–69

要点：右脚蹬地起跳要借助回收再往前的惯性，起跳要有力，落地要轻。刀挂砍环绕要圆转。

第六段

32. 朝天刀势

（1）身体右转约180°；双手持刀，以刀背领先向右摆；目视刀身。（图3-70）

（2）双腿蹬地起身，重心移至右腿，右腿直立，左腿屈膝上提成独立步，脚面绷平；两手持刀，以刀刃领先由左至右体前绕环一周后向上、向右带刀，置于头部右侧，刀刃朝上，刀尖朝左斜上方；目视左前方。（图3-71）

图3-70

图3-71

要点：先右转身再略下沉，接着环绕一周后再将刀高举回带。独立步要稳。

33. 点刀势

（1）左脚落地，身体向左拧转；两手持刀，以刀背领先向左、向下、向后挂刀，刀尖朝斜下方；目随刀势。（图3–72）

（2）左脚蹬地起跳，右腿屈膝上提，身体腾空；两手持刀，由后以刀刃领先向上、向前点劈，双臂伸直，力达刀前段；目视刀身。（图3–73）

图3–72

图3–73

要点：点劈要借蹬地上跳之力，瞬间猛点。

34. 右定膝刀势

（1）左脚在后，右脚在前，依次落地，身体略左转，重心前三后七；两手持刀后拉于左腰侧，刀刃朝外，刀尖朝右斜上方；目视右前方。（图3–74）

（2）左前脚掌蹬地，脚跟提起，左腿略蹬直，身体右转，右腿屈膝前弓；两手持刀，借转身之力向右膝前用力推刀，刀刃朝前，刀尖斜朝上；目视刀身。（图3–75）

图3–74

图3–75

要点：推刀要借转腰发力，推出后与膝在一条直线上。

35. 左定膝刀势

（1）左脚向左前方斜上步，右腿屈膝，重心前三后七；两手将刀回拉至右腰侧，刀刃朝前，刀尖斜朝上；目视左前方。（图3–76）

（2）右脚蹬地发力，脚跟提起，身体左转，左腿屈膝前弓；两手持刀向左膝前推出，刀刃朝前，刀尖向上；目视刀身。（图3–77）

图3–76

图3–77

要点：同右定膝刀势。

第七段

36. 反点刀势

右脚向右前方上步，成高虚步；两手持刀，以刀尖领先向下、向里、向上，使刀尖画圈沿顺时针方向运动，然后翻腕，用刀背前段刀尖处向下反点刀，刀刃朝上，刀尖朝前；目视刀尖。（图3–78）

图3–78

要点：转刀是手腕转，不得松手将刀转过来再持。点刀发力要脆。

37. 滑拿一刀势

（1）右脚上半步，右腿弯曲，准备起跳；两手持刀内旋将刀转正，刀刃朝下，刀尖向前；目视刀身。（图3–79）

（2）两手持刀，向右、向下、向左、向上搅刀至头上方，刀尖朝上；同时右脚蹬地起跳，左腿屈膝上提，身体腾空而起；目视前方。（图3–80）

图3–79

图3–80

（3）左脚先落地；两手持刀在前上方，刀尖朝斜上；目视前方。（图3–81）

（4）右脚随之落地，重心移至右腿，身体前俯，右腿屈膝，左腿跟进跪步；两手持刀向前下劈，与胸同高，刀刃朝下，刀尖向前；目视刀身。（图3–82）

图3–81

图3–82

要点：此势与20.滑拿一刀势基本相同，但此势左腿由原来的向后撩起改为跪步。

第八段

38. 回身左撩刀势

（1）身体右转起身；左手松开刀柄，向上推刀柄，右手外旋腕持刀，以刀背领先向右腿外侧、向下、向后挂刀；目视刀身。（图3–83）

（2）右脚后退一步，身体右转约180°；同时两手持刀，以腕为轴，以刀刃领先向上、向后、向下贴体侧绕环一圈，带刀至左侧；目视刀身。（图3–84）

图3–83

图3–84

（3）右脚尖外展，左腿蹬地使身体向右拧转，左脚略跟步，脚跟提起；同时两手持刀向前、向右上方弧线提撩刀，刀刃朝上，刀尖朝前；目视刀身。（图3-85）

图3-85

要点： 此势绕环时以右手为主，左手开始松开推把，刀旋转一圈后再握住刀柄。环绕要圆转、快，带刀上撩要有力，带刀要以刀柄领先。

39. 右撩刀势

（1）左脚上步，上身略右转，重心右移，两腿屈膝；同时两手持刀，将刀柄向右后拉，弧线带刀至身体右侧，刀刃朝下，刀尖朝右；目视刀身。（图3–86）

（2）左脚尖外展，右脚蹬地略跟步，身体左拧转；同时两手持刀向前、向左上方用力提撩刀，刀刃朝上，刀尖朝前；目视刀身。（图3–87）

图3–86

图3–87

要点：带刀撩刀正好绕环一圈，要圆转灵活，一气呵成，右脚跟步是贴地滑动。

40. 转身右撩刀势

（1）右脚向左前方上步，身体左转约180°；两手持刀，由右经上向左划弧至体前，刀刃朝前，刀尖斜朝上；目视刀身。（图3–88）

（2）左脚后退一步；右手内旋，以刀背领先向左腿外侧、向下划弧；目视左下方。（图3–89）

图3–88

图3–89

（3）身体左转约180°，两腿屈膝，重心左移；两手持刀，以刀刃领先向上、向右沿体侧转环带刀至右侧，刀刃向下；目视刀身。（图3–90）

（4）身体左转90°，右脚向前上一步，右腿略屈膝；同时两手持刀，向下、向前、向上划弧提撩刀，刀刃朝上，刀尖朝前上方，成顺步撩刀势；目视刀尖。（图3–91）

图3–90

图3–91

要点：此势转圈、撩刀总共环形运动两圈，练习时不可分割。转身、退步、上步与带刀、撩刀要协调一致，轻快灵活，不可僵硬，刀始终贴体侧运行。

第九段

41. 回身左撩刀势

此势与“38.回身左撩刀势”基本相同，唯方向相反。另外38.是从滑拿一刀刀刃向下开始，而此势是从转身右撩刀刀刃朝上开始，所以无须像38.势一样转腕挂刀，直接挂刀即可。（图3-92～图3-94）

图3-92

图3-93

图3-94

42. 右撩刀势

动作与“39.右撩刀势”基本相同，唯方向相反。（图3-95、图3-96）

图3-95

图3-96

43. 转身右撩刀势

此势与“40.转身右撩刀势”基本相同，唯方向相反且右脚不再向前上步，而是上步为并步，两手持刀在胸前。（图3-97 ~ 图3-100）

图3-97

图3-98

图3-99

图3-100

44. 回身拦腰刀势

（1）左脚退步，前脚掌着地，右腿屈膝成右弓步；左手成掌向左侧平摆伸出，右手持刀内旋腕，使刀从左臂外侧向左、向后从头上方绕环；目视左前方。（图3-101）

（2）身体左转180°，右腿蹬直，左脚尖外展，屈膝成左弓步；右手持刀，向右、向前、向左拦腰横砍，至身前时左手接握刀柄，刀刃朝左，刀尖朝前，高与胸平；目视刀尖。（图3-102）

图3-101

图3-102

45. 收刀入鞘势

（1）左脚尖内扣，身体右转90°，右脚离地向左脚处收；两手持刀，向右、向下、向后画圆挂刀，刀尖朝后；目视右下方。（图3–103）

（2）右脚一收便向前落地；右手持刀，在体侧挽花一周后提刀在右髋侧，刀刃朝下，刀尖朝前，左手前伸按掌，手心向下；目视左手。（图3–104）

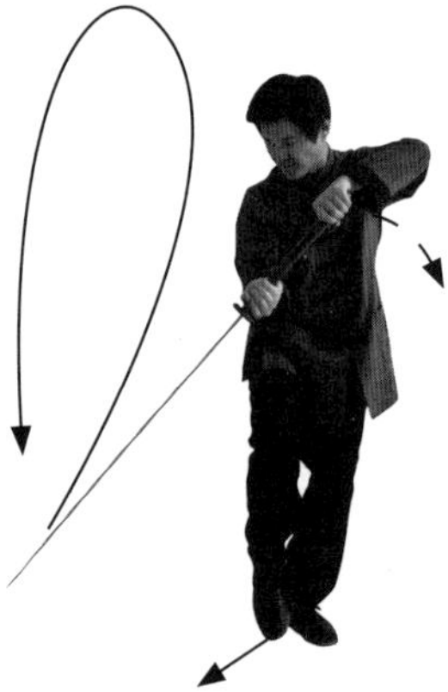

图3–103

图3–104

（3）左脚上步成左虚步；右手持刀，刀尖内摆，刀柄前提，左手虎口张开成八字掌，边按住刀背边向左腰侧收；目视刀背。（图3–105）

（4）左手收至左腰侧，右手持刀继续沿左手虎口向后插刀入鞘，左手接握刀盘处；目视左侧。（图3–106）

图3–105

图3–106

收势

右脚上步与左脚并拢，并步直立；左手接握住刀后垂于体侧，右手收于右侧并下垂；两眼向前平视。（图3–107）

图3–107

第四章　二路苗刀

动作名称

预备势

第一段

1. 虚步抱刀势
2. 上步拦腰刀势
3. 右独立势
4. 左独立势
5. 迎推刺刀势
6. 拗步斜削刀势
7. 迎推刺刀势
8. 拗步斜削刀势
9. 迎推刺刀势
10. 上步右撩刀势
11. 黄闷刀势
12. 弓步推刀势
13. 拨刀斜砍势

第二段

14. 回身劈点刀势
15. 单手后撩刀势
16. 带刀势
17. 前刺刀势
18. 歇步带刀势
19. 退步带刀势
20. 右撩点刀势
21. 左撩点刀势
22. 右撩点刀势
23. 斜削刀势

第三段

24. 转身左撩刀势
25. 右提撩刀势
26. 跳砍刀势
27. 翻身刺刀势
28. 右撩劈刀势
29. 左撩劈刀势
30. 右撩劈刀势
31. 回身左撩刀势
32. 右撩刀势
33. 转身右撩刀势
34. 朝天刀势
35. 挂点刀势
36. 右定膝势

37. 左定膝势
38. 低看刀势
39. 上右步下挂刀势
40. 圈刺刀势
41. 单刺刀势

第四段

42. 抱打劈刀势
43. 左斜削刀势
44. 右斜削刀势
45. 滑拿一刀势
46. 回身右撩刀势
47. 劈剁进刀势
48. 转身拦腰刀势

收势

动作图解

预备势

两脚并立；目平视前方；左手抱刀，虎口朝下，拇指在前压住刀盘，食指压刀柄，其余三指在后托住刀盘，手腕贴靠刀盘，刀刃朝前，刀尖朝上，刀背贴左臂内侧，右手五指并拢，自然下垂于体侧。（图4-1）

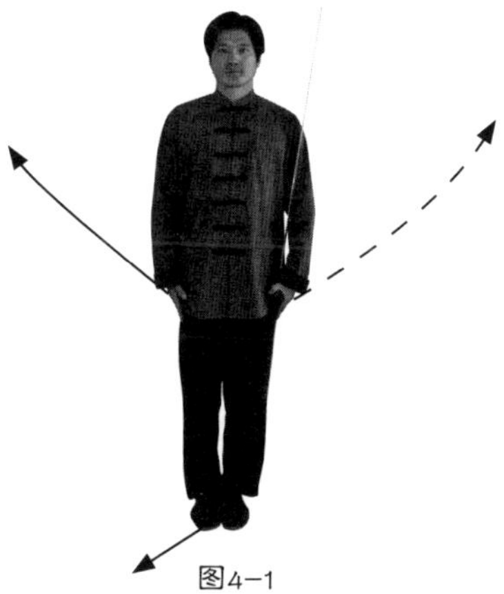

图4-1

第一段

1. 虚步抱刀势

（1）右脚向斜前方上半步；右手向右侧直臂上举，掌心朝前，左手抱刀向身体左侧直臂上举，高与肩平，刀刃朝上；目随右手。（图4–2）

（2）右腿屈膝半蹲，左脚向前上步成左虚步；左手向上、向前划弧屈肘抱刀横在胸前，刀背压在左臂上，刀刃朝上，同时右手向上、向前屈肘至胸前接握刀柄；目向左平视。（图4–3）

图4–2

图4–3

要点：双臂划弧与胸前接刀要同时进行。虚步时要虚实分明。

2. 上步拦腰刀势

（1）右手持刀向头上方上举，使刀背贴身向身后绕环，左手向左平摆伸出，掌心朝前；同时右腿蹬直，左腿屈膝提起，脚面绷直；目视左前方。（图4–4）

（2）左脚向左侧落步，接着右脚向左上一步，两腿屈膝成马步，同时身体左转180°；右手持刀，从背后向右、向前绕行平砍，刀刃朝前，刀尖朝右，左手在体前接住刀柄；目视刀尖。（图4–5）

图4–4

图4–5

要点：上步转身要一致，左手接刀柄要及时。

3. 右独立势

（1）身体右转约90°，右脚向后撤一小步活步；双手持刀，以刀背向下挂刀，刀刃斜朝前，刀尖向下；目视刀尖。（图4-6）

（2）身体继续右转90°，右脚尖外展，左腿提膝，脚面绷直，右腿挺膝直立成右独立步；双手持刀，以刀尖领先由右向上、向左、向下再向右上环绕一周后，提起至右前方，右臂弯曲，刀刃朝上，刀尖朝左前上方；目视左侧。（图4-7）

图4-6

图4-7

要点：向右上提刀时要以腰带刀，独立步要稳。

4. 左独立势

（1）左脚尖外展下落，身体略左转；双手持刀，左手松握刀柄，以刀背向下、向后往左腿外侧挂刀，刀尖朝下；目视左下方。（图4–8）

（2）重心移至左腿，右腿屈膝上提，脚面绷平成左独立步；双手持刀，在身体左侧绕环至身后时以刀刃领先，向上、向前砍刀，刀柄后端在左腰侧，刀刃朝下；目视刀身。（图4–9）

图4–8

图4–9

要点：落步挂刀及砍刀提膝要连贯进行。

5. 迎推刺刀势

右脚向前落地，右腿屈膝前弓，左脚跟进半步屈膝；同时右手内旋，左手外旋，腰部发力，双手持刀向右前方拧转推刺刀，刀刃朝右偏上，刀尖斜向上，上体前俯，头部藏在右臂内侧，左肘朝下于胸前；目视刀尖。（图4-10）

图4-10

要点：上步与推刺一气呵成，双手同时拧转，前弓腿不可跪膝。

6. 拗步斜削刀势

左脚向前上一步，脚尖外展，左腿屈膝，右脚跟进，右膝跪步，上身随之左拧；双手持刀，向左膝外侧回拉斜削刀，略低于膝，刀刃朝外，刀尖朝前下方；目视刀尖。（图4-11）

图4-11

要点：回拉削刀时上身是左拧不是左转，双手使劲向后回拉，不要向外砍刀，保持刀尖朝前。

7. 迎推刺刀势

右脚向前上步，右腿屈膝前弓，左脚跟进半步屈膝；同时双手持刀向前方刺刀，与胸同高，上体略前俯，刀刃朝下，刀尖朝前；目视刀尖。（图4-12）

图4-12

要点：上步与刺刀一气呵成，前弓腿不可跪膝。此势与5.迎推刺刀势不同，是刀刃向下，无须向外旋转。

8. 拗步斜削刀势

此势与“6.拗步斜削刀势”相同。（图4-13）

图4-13

9. 迎推刺刀势

此势与“7.迎推刺刀势”相同。（图4-14）

图4-14

10. 上步右撩刀势

（1）身体右转，左脚向前上一步；双手持刀，随身体右转向上、向后、向下弧线带刀，刀刃朝下；目视刀尖。（图4–15）

（2）身体左转，重心移至左腿，右脚向前上一步，脚尖点地成高虚步；双手持刀，由后向前、向上撩刀，刀刃朝上，刀尖朝前上方；目视刀尖。（图4–16）

图4–15

图4–16

要点：上撩要借后带刀之力猛然转身，撩刀与上步同时进行。

11. 黄闷刀势

身体右转，右脚上半步，脚尖外展，屈膝下蹲，左腿在后随之下蹲，成歇步；右手腕内旋，使刀尖逆时针转一小圈，随两腿下蹲，向下按刀，左手离把按于刀背，刀刃朝外，刀尖朝下，刀柄在头部右侧；目视刀尖。（图4–17）

图4–17

要点：腕部内旋要灵活，下蹲、按刀要同时。

12. 弓步推刀势

左脚上步，左腿屈膝，右脚蹬地，右腿挺膝伸直，成左弓步；同时两手位置不变，将刀向前推出，上身侧倾，右手在上，左手在下，刀刃朝前，刀尖向下；目视刀身。（图4–18）

要点：推刀时上身略右转侧倾，角度要合理，双臂略弯曲。

图4–18

13. 拨刀斜砍势

（1）上身后仰；右手持刀，由头上方向后推刀开始云刀，左手附于刀背，随右手向后推刀，刀刃朝后；目翻视刀身。（图4–19）

（2）右手旋腕继续向前、向左带刀柄，左手继续向右、向前、向左推拨刀背，使刀逆时针运刀至左侧；重心随势后移，左脚后撤脚尖点地，上身含胸收腹，刀刃朝左，刀尖朝前；目视刀身。（图4–20）

图4–19

图4–20

（3）右手持刀，使刀柄经左腋下向右上提起，左手继续向下推刀背，使刀成刀尖向下，由左向右从身前横向拨至右侧，刀刃朝右，刀尖朝下；目视刀身。（图4–21）

（4）右手持刀向右上带，左手从下向上推刀背，使刀上架于右上方，刀刃朝上，刀尖向斜前方；目视刀身。（图4–22）

图4–21

图4–22

（5）左脚向前上半步；右手持刀手腕外旋，转动刀身向后摆刀，左手顺势接住刀柄，双手持刀高举，刀刃朝前上方；刀尖朝后上方；目视前方。（图4–23）

（6）左腿屈膝，右腿蹬直，成左弓步；双手持刀，由右上方向前、向左下方斜砍，刀刃朝下，力达刀刃，刀尖高于肩；目视刀尖。（图4–24）

图4–23

图4–24

要点：向后推刀要抬头仰脸，头上云刀与体前拔刀要连贯，劈刀要有力。刀柄经过左腋下时注意不要撞到身体或挂住衣服。左手附于刀背的位置不是固定不变的，要根据刀的运行适当滑动。以上6个动作必须连贯起来做。

第二段

14. 回身劈点刀势

身体向右拧转后仰，重心移至右腿，左腿屈膝前弓，右腿伸直；双手持刀，以右手为轴，左手推把，向上、向后用刀背前段反劈点刀，刀背朝下，刀尖斜朝下；目翻视刀尖。（图4-25）

图4-25

要点：劈刀要猛，不可转身过大，而是翻身，利用后仰的惯性劈刀。

15. 单手后撩刀势

（1）身体右转；双手持刀，以刀背领先向下、向体侧绕环挂刀；目视刀身。（图4–26）

（2）右手持刀在体侧绕腕花一周，绕环至体前，左手松开刀柄收于身前，刀刃朝下，刀尖朝前；目视刀身。（图4–27）

图4–26

图4–27

（3）左腿屈膝提起，脚面绷直，右腿直立，成独立步；右手持刀向下、向后反臂撩刀，刀刃朝上，刀尖朝后，左手随之前伸；目视刀尖。（图4–28）

图4–28

要点：腕花接撩刀要自然流畅，撩刀与左臂前伸要同时进行，前后呼应。

16. 带刀势

左脚向前落地，身体右转，两腿屈膝下蹲成马步；右手持刀臂外旋，向左带刀至身前，左手回收接握刀柄，刀刃朝前，刀尖朝右；目视刀尖。（图4-29）

图4-29

要点：左脚落地与带刀同时完成。

17. 前刺刀势

身体右转，左脚蹬地，左腿伸直，右腿屈膝，成右弓步；同时两手持刀，随转体向前直刺，刀与地面平行，约与胸高，刀刃朝下，刀尖朝前；目视刀尖。（图4-30）

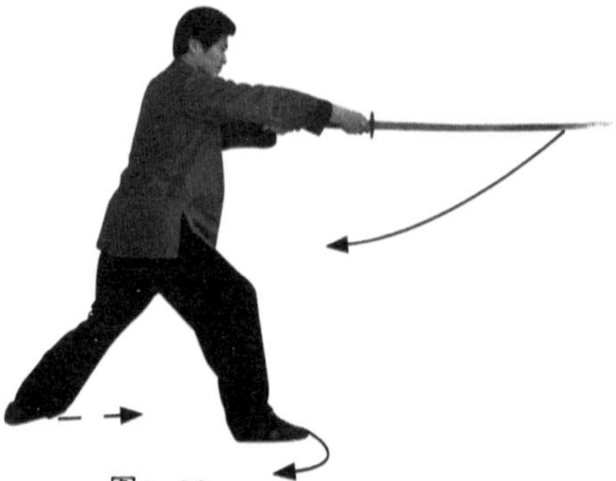

图4-30

要点：蹬地转身助力刺刀，两臂同时用力前刺。

18. 歇步带刀势

身体右转90°，右脚尖外展，左脚前移半步，两腿屈膝下蹲，成歇步；双手持刀，手臂内旋向右后抽带，刀刃朝外；目视刀尖。（图4-31）

图4-31

要点：转体、下蹲、带刀一气呵成。

19. 退步带刀势

右脚后退一步，右腿屈膝；双手持刀从胸前向后带刀，刀刃朝外，刀尖朝左；目视刀尖。（图4-32）

图4-32

要点：动作不可过大，双手随退步后带即可。

20. 右撩点刀势

（1）双手持刀向上、向右弧形带刀至身体右侧，刀刃向下，刀尖斜朝上。（图4-33）

（2）身体左转，右脚向左侧上一步成高虚步；双手持刀，随右脚上步同时向下、向左、向上撩刀，刀刃朝上，刀尖朝前上方；目视刀尖。（图4-34）

图4-33

图4-34

（3）身体右转，右脚跟落地，脚尖外展，左脚上步，脚尖点地；右手内旋使刀刃朝前，左手松开刀柄，上滑至刀盘处握紧，右手下滑握把，换成左手前右手后的握把，双手持刀在胸前，刀尖向上；目视刀身。（图4-35）

（4）双手持刀，含胸送肩，用力向右前方、向下点劈，手腕上提刀柄，以助刀力，刀刃朝下；此时，右腿直立，左脚脚尖点地成高虚步；目视刀尖。（图4-36）

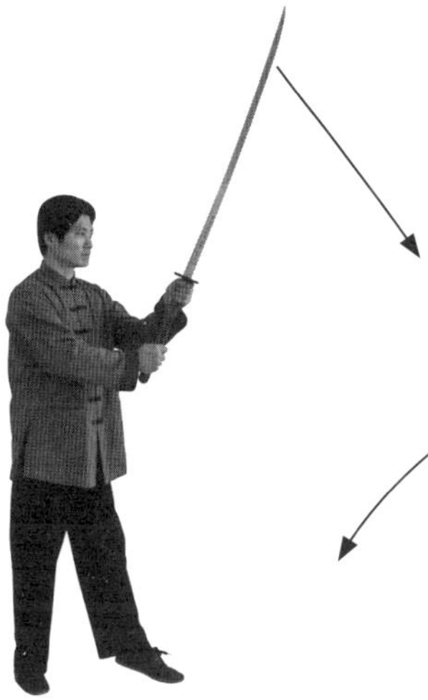

图4-35

图4-36

要点：撩刀与转身点刀要连贯，双手换把要快，步法与身法协调一致。点刀时不要点正前方，而是点击右斜前方。

21. 左撩点刀势

（1）右脚向右前方上一步，身体左转，两腿略屈膝，重心左移；双手持刀，随身体左转向左、向下划弧带刀至体侧，刀刃朝下，刀尖斜朝下；目视刀身。（图4-37）

（2）身体右转，重心移至右腿，左脚向右侧上一步成高虚步；双手持刀，随左脚上步同时向下、向右、向上弧形撩刀，刀刃朝上，刀尖朝前上方；目视刀尖。（图4-38）

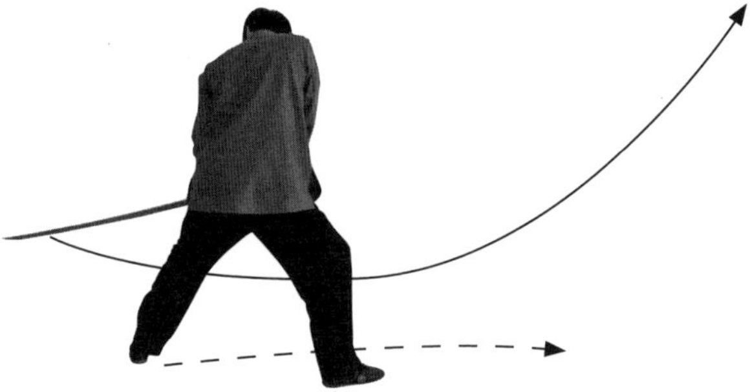

图4-37

图4-38

（3）身体左转，左脚跟落地，脚尖外展，右脚上步，脚尖点地；左手内旋使刀刃朝前，右手松开刀柄，上滑至刀盘处握紧，左手下滑握把，换成右手在前左手在后的握把，双手持刀在胸前，刀尖向上；目视刀身。（图4–39）

（4）双手持刀，含胸送肩，用力向左前方、向下点劈，手腕上提刀柄，以助刀力，刀刃朝下；此时，左腿直立，右脚脚尖点地成高虚步；目视刀尖。（图4–40）

图4–39

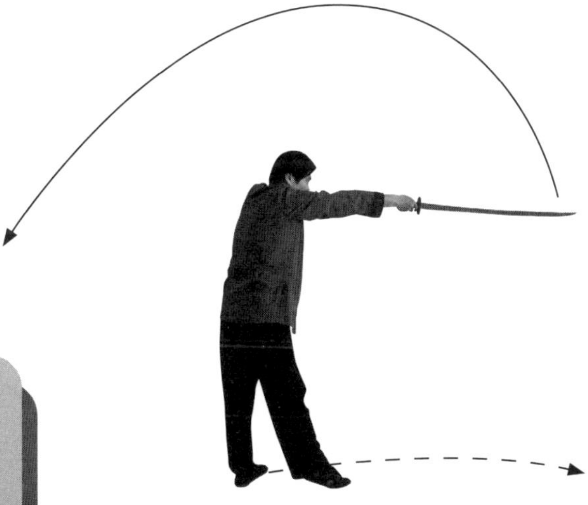

图4–40

要点：转身带刀要自然，要划弧，不可直来直去。左转身接右转身要分明。点刀的方向不是正前方，而是左斜前方。

22. 右撩点刀势

（1）身体右转，右脚尖外展，重心右移，左脚向左前方上步；同时双手持刀，随右转体向右、向下弧形带刀至体侧，刀刃朝下，刀尖斜朝下；目视刀身。（图4–41）

图4–41

（2）动作与“20.右撩点刀势”相同。（图4–42 ~ 图4–44）

图4–42

图4–43

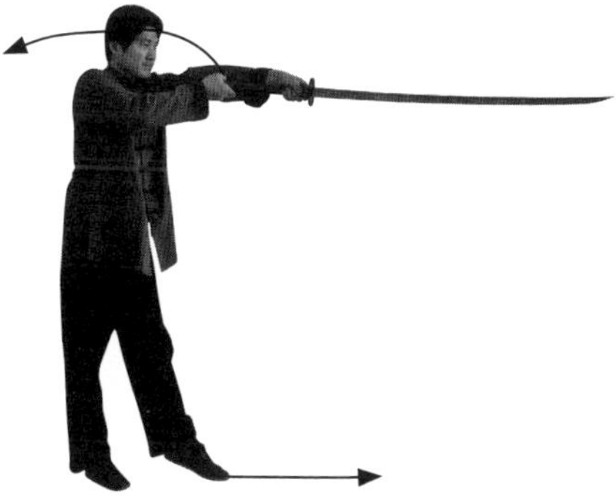

图4–44

23. 斜削刀势

（1）左脚向左侧上半步，脚尖点地；双手持刀，屈臂向右前方带刀至右肩前，刀刃朝上，刀尖朝左；目视左前方。（图4-45）

（2）右脚向左脚后插一步，上身左拧；双手持刀，由右上方向左后方用力斜削，刀刃向后，刀尖向左斜下方；目视刀尖。（图4-46）

图4-45

图4-46

要点：带刀助力斜削，要弧形带刀再削刀。插步与削刀同时，步型成交叉步。

第三段

24. 转身左撩刀势

（1）右脚向右上一步，双腿屈膝；双手持刀，左腕外旋使刀刃转向下，向右略带刀，刀尖朝后；目视刀身。（图4–47）

（2）右脚蹬地，右腿略伸，左脚跟进半步，身体向右拧转；双手持刀，向前、向上提撩刀，右臂屈臂后带，刀刃朝上，刀尖朝前；目视刀尖。（图4–48）

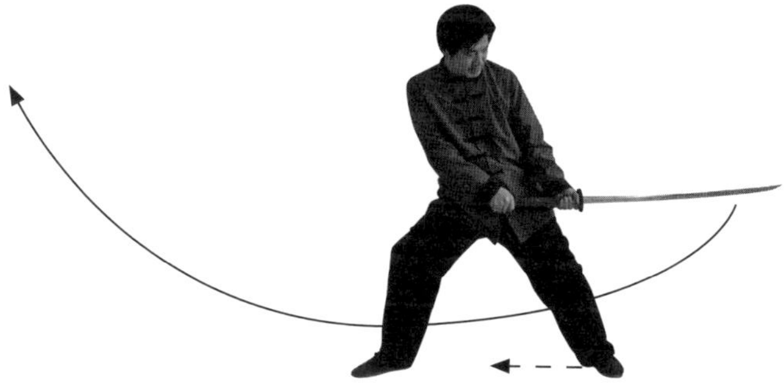

图4–47

图4–48

要点：拧身发力，以身催刀，撩起后左脚跟步。

25. 右提撩刀势

（1）左脚向前上一步，上身右转，两腿略屈膝；右手松开刀柄，向前握在刀盘处，左手后滑，形成换把，双手持刀，向后、向下弧形随身体右转带刀至身体右侧，刀刃朝下，刀尖朝后；目视刀身。（图4–49）

（2）左脚蹬地，左腿略伸，右脚跟进半步，身体向左拧转；双手持刀，向前、向上提撩刀，左臂屈臂后带，刀刃朝上，刀尖朝前；目视刀尖。（图4–50）

图4–49

图4–50

要点：换把要快，要边带刀边换把，不可停顿下来换把。

26. 跳砍刀势

（1）右脚向前上一步；双手持刀，以刀背领先向右、向下挂刀至右腿外侧，刀刃朝前，刀尖朝下；目视刀身。（图4-51）

（2）右脚蹬地起跳，左脚离地向前上提摆起，身体腾空右转；双手持刀，在体前向右、向上、向左划弧绕行；目视左侧。（图4-52）

（3）左脚先落地，右脚随后向左腿后插步落地，两腿屈膝下蹲成歇步；同时双手持刀用力向左下砍刀，刀刃朝下，刀尖朝左；目视刀身。（图4-53）

图4-51

图4-52

图4-53

要点：起跳要高，落地要轻，在空中绕刀要协调。

27. 翻身刺刀势

（1）两脚蹬地起身，上身后仰，腹部前挺，身体向右翻转；双手持刀，随上身翻转上抬，刀刃朝左，刀尖朝后；目视刀身。（图4–54）

（2）身体以腰为轴继续向右翻转，面部朝天；双手持刀，在胸部上方向右移动，刀刃朝上，刀尖朝后；目视刀身。（图4–55）

图4–54

图4–55

（3）重心右移；双手持刀随翻身至右方，接着向后刺出，上身保持右侧后仰，刀刃向上，刀尖向后；目视刀尖。（图4–56）

图4–56

要点：翻身时腰部固定为轴，只可翻转上身，注意掌握重心，不能因后仰而重心不稳，刺刀要直。

28. 右撩劈刀势

（1）上身起身，身体略右转，重心左移，两腿屈膝；双手持刀，向下、向右腿外侧带刀，刀刃朝下；目视刀身。（图4–57）

（2）身体左转略大于90°，右脚脚尖贴地滑动上步到左脚内侧过渡，似落地似不落地；双手持刀，随身体左转向前、向左、向上弧形撩至身体左上方，刀刃朝里，刀尖朝斜上；目视前方。（图4–58）

图4–57

图4–58

（3）右脚继续向前滑动半步落地，右腿屈膝，身体右转发力；双手持刀向前、向右斜下方用刀背前段斜劈，刀刃斜朝左上，刀背斜朝右下，刀尖朝前；目视刀尖。（图4-59）

图4-59

要点：撩刀时右脚上步不要落地，而是在运动中过渡，随劈刀再落地。撩刀是虚，不要发力，劈刀为实，要发力，要轻撩猛劈。

29. 左撩劈刀势

（1）身体向左后转身，重心左移；同时左手向上贴近刀盘握刀，右手顺势下滑，形成换把，双手持刀，向上、向左随转身弧形带刀至身体左侧，刀刃朝外，刀尖朝上；目视刀身。（图4–60）

（2）身体右转略大于90°，左脚脚尖贴地滑动上步到右脚内侧过渡，似落地似不落地；双手持刀，随身体右转向前、向右、向上弧形撩至身体右上方，刀刃朝里，刀尖朝上；目视前方。（图4–61）

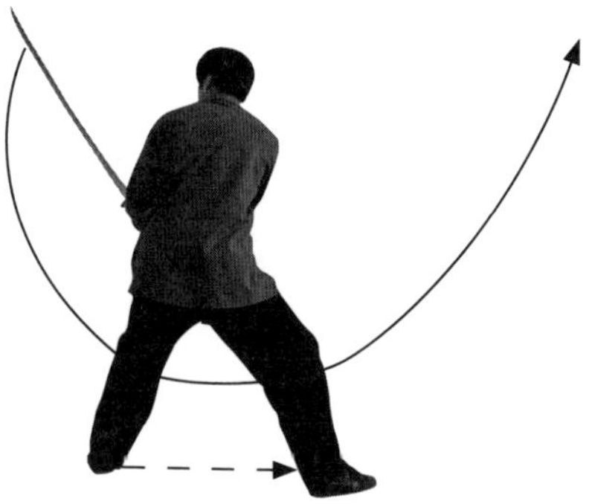

图4–60

图4–61

（3）左脚继续向前滑动半步落地，左腿屈膝。身体左转发力；双手持刀，向前、向左斜下方用刀背前段斜劈，刀刃斜朝右上，刀背斜朝左下，刀尖朝前；目视刀尖。（图4-62）

图4-62

要点：基本要点同右撩劈刀，唯此势有换把动作。换把要在向后带刀时完成，不能撩刀时再换。

30. 右撩劈刀势

（1）身体向右后转，重心右移；同时右手向上贴近刀盘握刀，左手顺势下滑，形成换把，双手持刀，向上、向右随转身弧形带刀至身体右侧，刀刃朝下，刀尖朝右；目视刀身。（图4-63）

（2）（3）动作与“28.右撩劈刀势”（2）（3）相同。（图4-64、图4-65）

图4-63

图4-64

图4-65

31. 回身左撩刀势

（1）身体右转；左手松开刀柄，向上推刀柄，右手外旋腕持刀，以刀背领先向右腿外侧、向下、向后挂刀；目视刀身。（图4–66）

（2）右脚后退一步，身体右转约180°，两腿屈膝；同时双手持刀，以腕为轴，以刀刃领先向上、向后、向下贴体侧绕环一圈，带刀至左侧；目视刀身。（图4–67）

图4–66

图4–67

（3）右脚尖外展，左脚蹬地使身体向右拧转，左脚略跟步，脚跟提起；同时双手持刀，向前、向右上方弧线提撩刀，刀刃朝上，刀尖朝前；目视刀身。（图4–68）

图4–68

要点：此势绕环时以右手为主，左手开始松开推把，刀旋转一圈后再握住刀柄。环绕要圆转、快。带刀上撩要有力，带刀要以刀柄领先。

32. 右撩刀势

（1）左脚上步，上身略右转，重心右移，两腿屈膝；同时双手持刀将刀柄向后拉，弧线带刀至身体右侧，刀刃朝外，刀尖朝上；目视刀身。（图4-69）

（2）左脚尖外展，重心左移，左脚蹬地使身体左转，右脚贴地略跟进，右腿自然伸直；同时双手持刀向前、向左上方用力提撩刀，刀刃朝上，刀尖朝前；目视刀身。（图4-70）

图4-69

图4-70

要点：带刀撩刀正好绕环一圈，要圆转灵活，一气呵成。右脚跟步是贴地滑动。

33. 转身右撩刀势

（1）右脚向左前方上步，身体左转约180°；双手持刀，由右经上向左划弧至体前，刀刃朝左，刀尖斜朝上；目视刀身。（图4–71）

（2）左脚后退一步；右手内旋，以刀背领先向左腿外侧、向下划弧；目视左下方。（图4–72）

图4–71

图4–72

（3）身体左转约180°，由右前方转至左前方，两腿屈膝，重心左移；双手持刀，以刀刃领先向左、向上沿体侧转环带刀至右侧，刀刃向下；目视刀身。（图4-73）

（4）身体左转90°，右脚向前上步，与左脚靠拢成并步；同时双手持刀向下、向前、向上划弧提撩刀，刀刃朝上，刀尖朝前上方，成并步撩刀势；目视刀尖。（图4-74）

图4-73

图4-74

要点：此势转圈、撩刀总共环形运动两圈，练时不可分割。转身、退步、上步与带刀、撩刀要协调一致，轻快灵活，不可僵硬，刀始终贴体侧运行。

34. 朝天刀势

（1）右脚向右横开一小步，身体略右转；双手持刀，先以刀背后以刀刃领先，向右经头上方向左绕环一周，然后双腿略下蹲；目视刀身。（图4-75）

（2）双脚蹬地起身，重心移至右腿，右腿直立，左腿屈膝上提成独立步，脚面绷直；双手持刀向上、向右带刀至头部右侧，刀刃朝上，刀尖斜朝上；目视左前方。（图4-76）

图4-75

图4-76

要点：刀尖在上画圆，不可向下挂刀。独立步要稳。

35. 挂点刀势

（1）左脚落地，身体向左拧转；双手持刀，以刀背领先向左、向下、向后挂刀，刀尖朝斜下方；目随刀势。（图4–77）

（2）左脚蹬地起跳，右腿屈膝上提，身体腾空；双手持刀，以刀刃领先向上、向前点劈，双臂伸直，力达刀前段；目视刀身。（图4–78）

图4–77

图4–78

要点：先挂后点，流畅连贯。

36. 右定膝势

（1）左脚在后，右脚在前，依次落地，身体略左转，重心前三后七；双手持刀后拉于左腰侧，刀刃朝外，刀尖朝右斜上方；目视右前方。（图4-79）

（2）左前脚掌蹬地，脚跟提起，左腿略蹬直，身体右转，右腿屈膝前弓；双手持刀，借转身之力向右膝前用力推刀，刀刃朝前，刀尖斜朝上；目视刀身。（图4-80）

图4-79

图4-80

要点： 推刀要借转腰发力，推出后与膝在一条直线上。

37. 左定膝势

（1）左脚向左前方斜上步，右腿屈膝，重心前三后七；双手将刀回拉至右腰侧，刀刃朝前，刀尖斜朝上；目视左前方。（图4–81）

（2）右脚蹬地发力，脚跟提起，身体左转，左腿屈膝前弓；双手持刀向左膝前推出，刀刃朝前，刀尖向上；目视刀身。（图4–82）

图4–81

图4–82

要点：同右定膝势。

38. 低看刀势

右脚向右前方上步，成高虚步；双手持刀，以刀尖领先向下、向里、向上使刀尖画圈沿顺时针方向运动，然后翻腕，用刀背前段刀尖处向下反点刀，刀刃朝上，刀尖朝前；目视刀尖。（图4–83）

图4–83

39. 上右步下挂刀势

上身右转，右脚向前上步，脚尖外展，右腿屈膝，左脚前脚掌碾地；右手旋腕，以刀背领先向下、向后沿右体侧旋转挂刀，刀刃朝下，刀尖朝后，左手拨把；目视刀身。（图4–84）

图4–84

要点：右手旋腕下挂与左手拨把要合一。

40. 圈刺刀势

（1）左脚向前上步；以右手腕为轴，将刀在体侧旋转一周置于体前，左手顺势从上向下按，五指捏住刀背，刀刃斜朝下，刀尖朝前；目视刀身。（图4-85）

（2）重心后移；右手持刀，左手抓握刀背使刀整体由前向下、向后划半弧拉至右肩前，刀横于胸前，刀刃斜朝下，刀尖向前。（图4-86）

（3）双手持刀，由右肩前向下、向前、向上顺时针划椭圆形一圈，刀拉至右肩前，刀横于身前，高约与胸平，刀刃朝外，刀尖朝前；刀向前运动时重心前移，刀后拉的同时左脚向前上半步，重心后移。（图4-87）

图4-85

图4-86

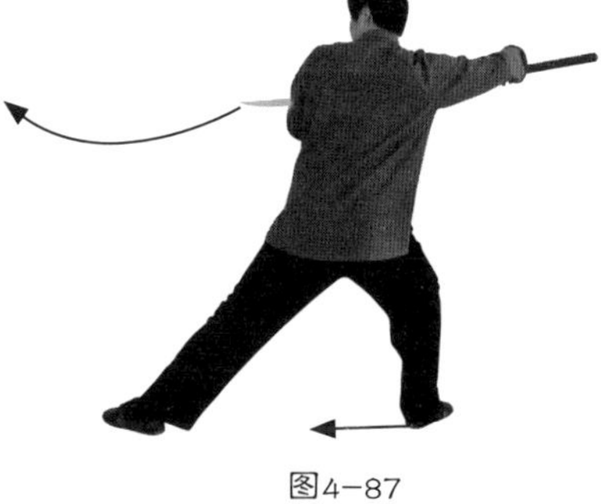

图4-87

（4）双手持刀，由右肩前向下、向前划一个下半弧并向前圈刺刀；同时左腿屈膝前弓，右脚跟进半步。（图4-88）

（5）重心后移，左脚上半步；双手持刀，由前向下、向后逆时针划椭圆半弧（此时划椭圆的一半）拉至右肩前。（图4-89）

（6）双手持刀，由右肩处经胸前向前圈刺；同时左腿屈膝前弓，右脚跟进半步，刀刃朝外，刀尖向前。（图4-90）

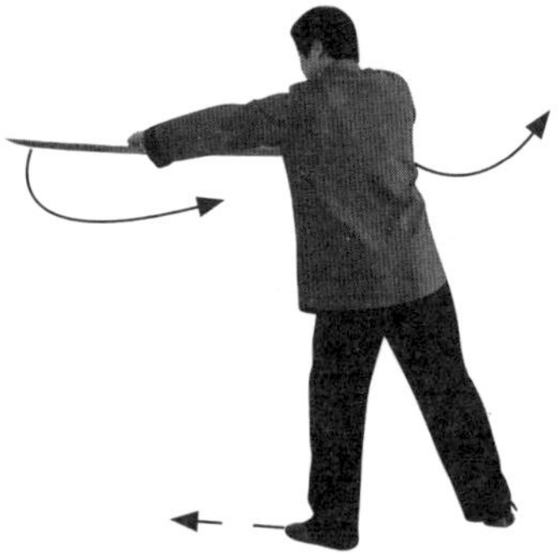

图4-88

图4-89

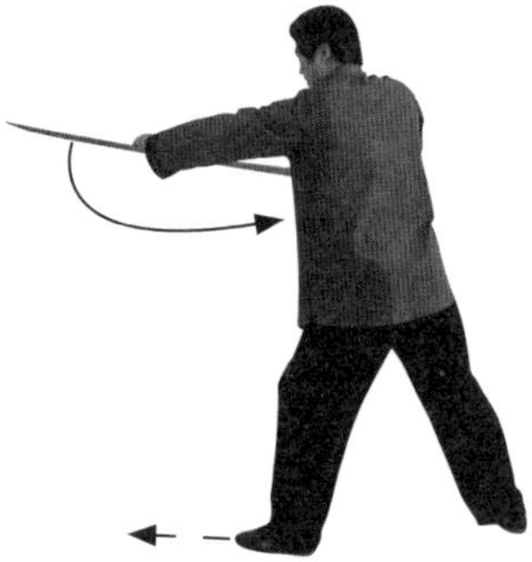

图4-90

要点：圈刺刀是在体前划不规范的椭圆形，上与胸高，下与腹高，先顺时针后逆时针画圈。刀后拉时左脚进步，刀前刺时右脚跟步。以上动作要连起来做，步法与圈刀协调一致，注意节奏。

41. 单刺刀势

（1）左脚向前上半步；双手持刀，由前向下、向后划一个半弧拉至右腰侧，刀刃朝下，刀尖朝前；目视前方。（图4-91）

（2）右脚向前上步，身体左转，左腿屈膝提起，成独立步；同时右手持刀，随右脚上步向前直刺，刀刃向下，刀身与地面平行，左手随之向左、向后摆起伸直，两臂成一线；目视刀尖。（图4-92）

图4-91

图4-92

要点：上步、提膝、刺刀同时进行，一气呵成。

第四段

42. 抱打劈刀势

（1）左脚在身后落地，脚前掌着地；左手回摆接握刀柄，双手持刀，向腹前回带刀柄，刀刃朝下，刀尖斜朝上；目视刀身。（图4–93）

（2）左脚前脚掌碾地，身体左转180°，随之右脚向前上一步；同时双手持刀，在上步的同时向下、向前、向上撩至前方，右手内旋腕，双臂屈肘将刀抱在胸前，刀刃向后，刀背朝前，刀尖朝上；目视刀身。（图4–94）

图4–93

图4–94

（3）右腿屈膝下蹲，左脚跟进，左腿屈膝；双手抱刀，身体下沉，借整体之力使刀背向下砸劈，刀刃向上，刀背朝下，刀尖朝前；目视前方。（图4–95）

图4–95

要点： 落地、转体、上步要连贯。抱刀时要含胸拔背，劈刀要用身体整体之力，整体下砸。

43. 左斜削刀势

右脚向前上半步，脚尖外展，左脚前跟半步，脚跟提起，两腿屈膝下蹲；双手持刀，右手腕内旋使刀尖画圆，将刀刃朝向右，再从左上向右下斜削，刀刃斜朝下，刀尖朝左斜前方，身体随削刀向右拧转，以助刀力；目视前方。（图4–96）

图4–96

要点： 刀尖画圆搅刀要靠手腕之力，削刀要借身体右拧之力。

44. 右斜削刀势

（1）右脚向前上半步，上身略左转；双手持刀，手腕向外旋腕，向左从头上绕行至右上方，刀刃朝前，刀尖朝上；目视前方。（图4–97）

（2）身体左转，左脚跟进，全脚掌落地，两腿屈膝成马步；双手持刀，由右上向左下方斜削，刀刃斜朝下，刀尖向前；目视刀尖。（图4–98）

图4–97

图4–98

要点：上步绕刀、跟步劈刀要分清步法与刀的运行路线。

45. 滑拿一刀势

（1）右脚上半步，右腿弯曲，准备起跳；双手持刀内旋，将刀移至身前，刀刃朝下，刀尖向前；目视刀身。（图4–99）

（2）双手持刀，向右、向下、向左、向上搅刀至头上方，刀尖朝上；同时右脚蹬地起跳，左腿屈膝上提，身体腾空而起；目视前方。（图4–100）

图4–99

图4–100

（3）左脚先向前落地；双手持刀保持上举，刀尖朝上；目视前方。（图4-101）

（4）右脚随之向前落地，重心移至右腿，身体前俯，右腿屈膝，左腿跟进跪步；双手持刀向前下劈，与胸同高，刀刃朝下，刀尖向前；目视刀身。（图4-102）

图4-101

图4-102

要点：蹬地起跳与搅刀要同时。劈刀要猛，借身体下落之势，如猛虎下山，手腕发力。

46. 回身右撩刀势

身体向左转180°，左脚前进半步，右脚跟进，脚跟提起；双手持刀，刀柄领先，向下从体侧划弧向前提撩刀，刀背朝前，刀刃朝后，刀尖朝上；上身随之左拧，目视刀身。（图4–103）

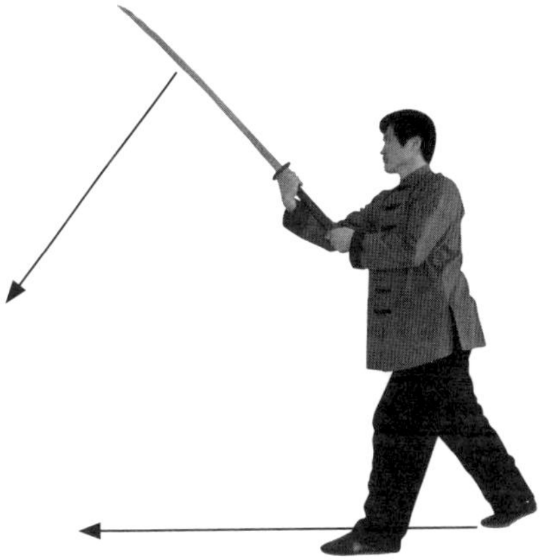

图4–103

要点：撩刀时左手先后带刀，右手随之带刀柄前提上撩，不可砍到地面。

47. 劈剁进刀势

（1）右脚向前上一步，左脚跟进，脚跟离地，两腿屈膝；双手持刀，保持刀背朝前，用刀背从上向前劈，刀尖朝前，上身与两臂成整体随劈刀略下压；目视前方。（图4–104）

（2）右脚向前上半步；双手持刀，右手内旋腕，以刀尖领先将刀上挑，刀刃朝前，刀尖斜朝上；目视前方。（图4–105）

图4–104

图4–105

（3）双手持刀，向下劈刀至身前，刀刃朝下，刀尖朝前；同时左脚跟进半步；目视刀身。（图4–106）

（4）右脚向前上半步；双手持刀，右手外旋腕抱刀，以刀尖领先将刀上挑，刀背朝前，刀尖斜朝上；目视前方。（图4–107）

（5）双手持刀，用刀背从上向前劈，刀尖朝前；同时左脚跟进半步，上身与两臂成整体随劈刀略下压；目视前方。（图4–108）

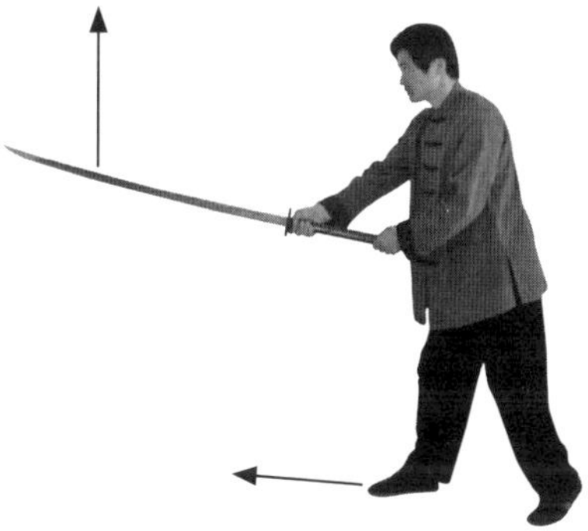

图4–106

图4–107

图4–108

（6）动作同（2），如图4–109所示。

（7）动作同（3），如图4–110所示。

图4–109

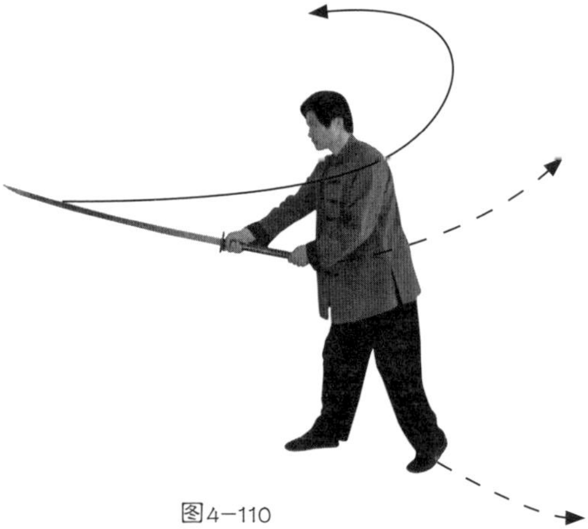

图4–110

要点： 步法是前脚进、后脚跟，进步举刀，跟步劈刀。以上是分解动作，练习时要连贯。

48. 转身拦腰刀势

（1）左脚向后退一步，蹬地伸直；右手持刀，使刀背沿左臂外侧从头顶上方绕环，刀刃朝外，左手虎口张开，随臂向左后平摆伸出；目视左手。（图4-111）

（2）上身左转，左脚尖外展，右腿伸直，左腿屈膝成左弓步；右手持刀，使刀尖从头上方绕至身体右侧后，继续向前、向左拦腰横砍，刀刃朝左，刀尖朝前，左手在体前接握刀柄；目视刀身。（图4-112）

图4-111

图4-112

要点：右手横砍弧度要大，左手接把时右手要收力。

收势

（1）双手持刀，以刀背领先，向右、向下、向身体右侧挂刀，刀尖朝后；目视刀身。（图4–113）

（2）右脚先往左脚处收拢，不落地，接着向前落步，脚尖外展；同时左手推把，右手持刀，以右手腕为轴，向上、向后、向前绕圆一圈后至左腰侧，左手在左腰侧接抱刀盘，刀刃朝前，刀尖朝上；目视刀盘。（图4–114）

图4–113

图4–114

（3）身体略右转，左脚上步，脚尖点地；右手将刀交给左手，右手向右伸出；目随右手。（图4–115）

（4）右腿屈膝成虚步；左手持刀抱于左腰侧，刀刃朝前，右手向内摆掌在体侧按掌，虎口向内；目向左平视。（图4–116）

（5）右脚上步，与左脚并拢，成并步；右手自然下垂于体侧；两眼向前平视。（图4–117）

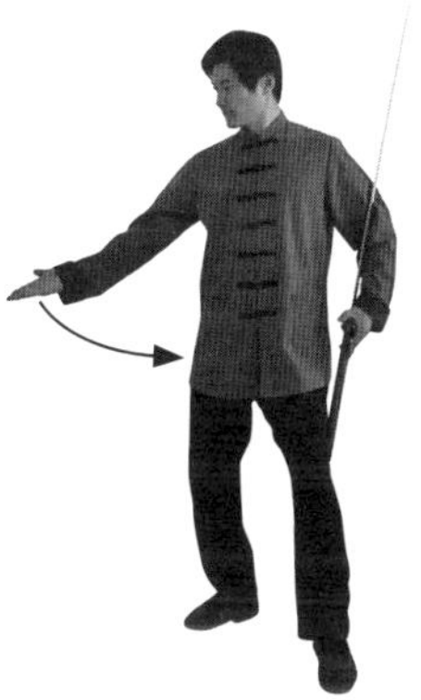

图4–115

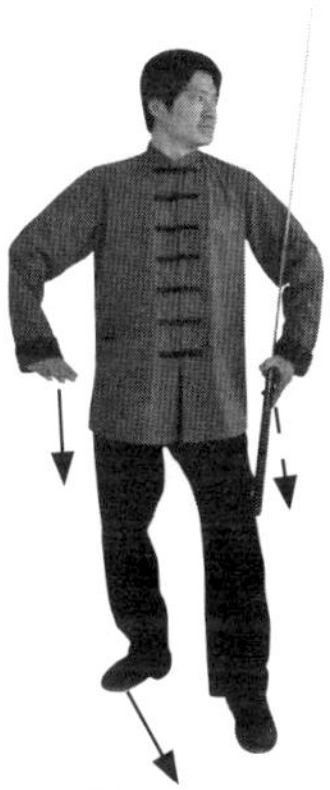

图4–116

图4–117

第五章　苗刀实战用法精选

本篇以《单刀法选》《单刀图说》《辛酉刀法》为参考，精选一路、二路中具有实战价值的刀势，进行实战用法解释。《单刀法选》《单刀图说》都是以假想敌为枪手而设计的刀势。戚继光的《辛酉刀法》没有说明假想敌是枪还是刀，从用法上看，当时戚继光的鸳鸯阵，长刀是对付突破我方长枪手而靠近的敌人，即对付持短兵器的敌人。对以上三部古籍与现今的两路苗刀进行研究，可以展现出苗刀对付长枪与刀的综合实战技法。

《单刀法选》《单刀图说》假设枪为假想敌。因为枪乃百兵之王，能应付枪，应付其他兵器自然得心应手。但枪与其他兵器其实还是有一定差别的，即使是枪也分长短，技法上还要灵活运用，不能拘泥。枪太长时，格开枪后要连上步，不能让敌人把枪抽回；对付短枪或其他兵器，则格开就出刀，如果对付同类长刀，要注意不要上步太大。

本篇实战用法，可以让我们一睹古代长枪与现今苗刀的实战风采。虽然在现今社会不可能去实战，但我们要继承，延续中华武学。

1. 入洞势——单撩刀

我右手持刀，刀身斜在身前，刀柄置于身体右侧，刀尖在左侧，刀背贴住左前臂，露出左侧身体对敌（图5-1）；敌出枪来刺，我将刀向上架起，将敌枪格开，左手在刀下抓住敌枪杆（图5-2）；身体左转，右脚向右前方斜上步，左脚随之后撤，右手握刀向左斜上撩敌身体（图5-3），也可以斜砍对方颈部。

说明：入洞势是一个应敌姿势，一旦到敌方身前，可随便砍杀敌人。

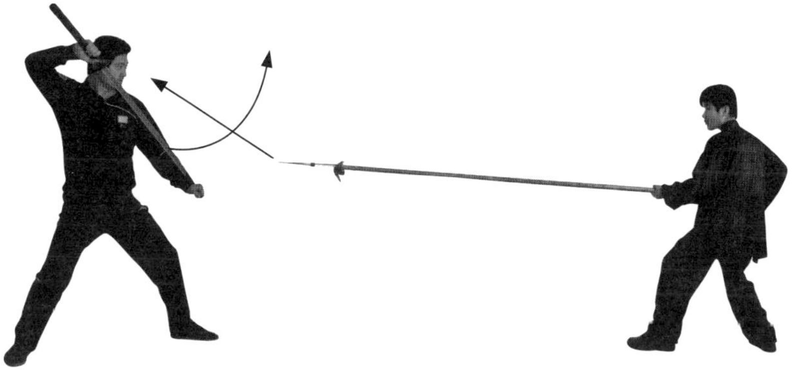

图5-1

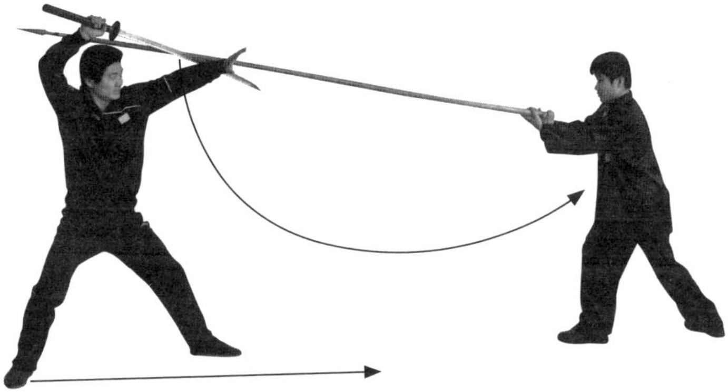

图5-2

图5-3

2. 入洞势——拦腰刀

前半部分动作同上，格开枪后双手持刀，砍对方腰部。（图5-4）

图5-4

说明：《纪效新书》长刀解中这样描述倭刀："彼以此跳舞光闪而前，我兵已夺气矣……遭之者身多两断。"拦腰刀可以一刀将敌人砍为两段。

3. 左独立势

我右脚在前，双手持刀在身体左侧，慢慢向敌靠近，露出身体右侧与右脚（图5-5）；敌持枪向我脚部刺来，我迅速提右膝躲闪，敌枪深入我脚下（图5-6）；不待敌抽枪，我右脚迅速向前大步落地，持刀向右侧搅刀格开敌枪（图5-7）；同时刀从右侧环形挥起砍杀敌。（图5-8）

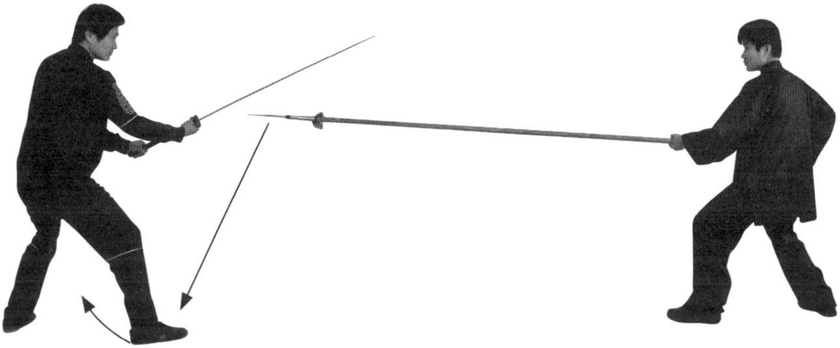

图5-5

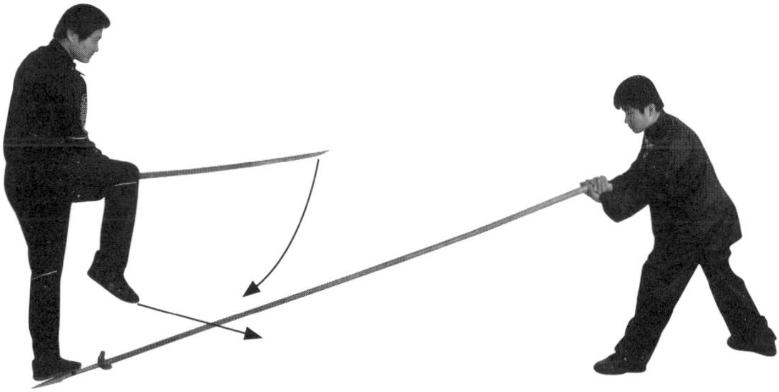

图5-6

图5-7

图5-8

说明：此势《单刀法选》《单刀图说》均有记载。此势解读比较复杂，结合戚继光《纪效新书》对枪法的描述："去如箭，来如线，指人头扎人面，高低远近都看见。枪是伏腰锁。先扎手和脚。"可见用枪扎脚是主要的进攻手段。所以此势是专门对付扎脚的，别无解释。

4. 右独立势

我左脚在前，双手持刀在身体右侧，刀背斜向下，双手交叉，露出左侧身体与左脚（图5–9）；敌持枪向我脚部刺来，我左腿迅速提膝躲闪，敌枪深入我脚下（图5–10）；不待敌抽枪，我左脚迅速向前大步落地，持刀向左侧搅刀格开敌枪（图5–11）；同时右脚向前上步成弓步，刀从左侧环形挥起砍杀敌。（图5–12）

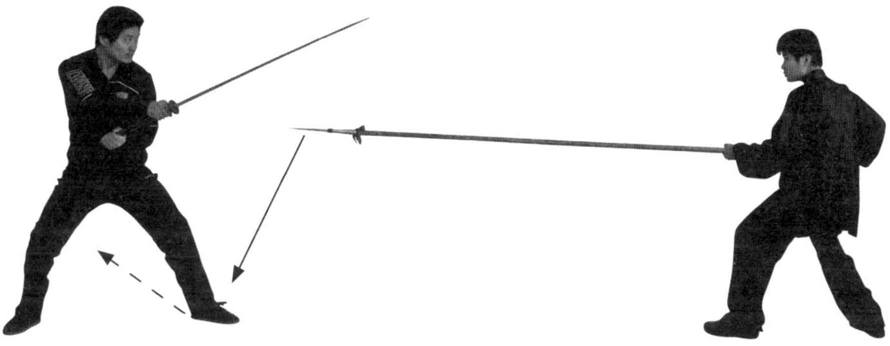

图5–9

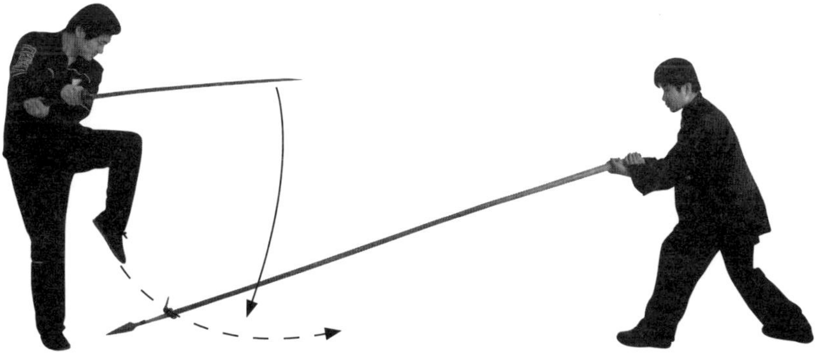

图5–10

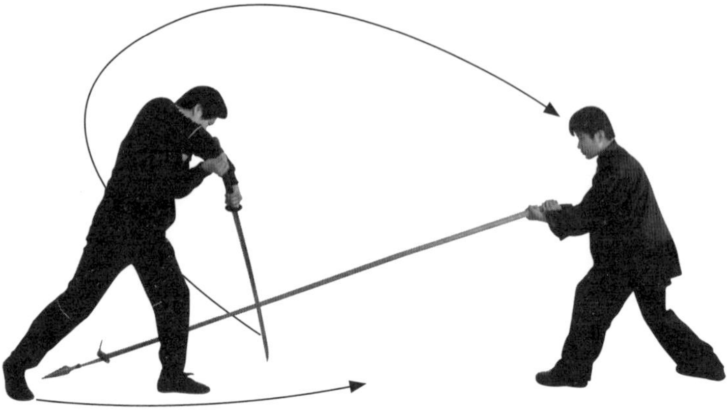

图5-11

图5-12

说明：为什么要刀背向下？因为右手握刀置于身体右侧时，如果刀刃向下必然别扭。此时双手交叉，刀背向下，符合身体姿势，同时下挂也顺手，这也与《单刀法选》图示相同。左独立势与右独立刀势是专门对付枪扎脚的，脚在前、在下，枪突然来刺，刀防偏慢，所以先提脚躲闪，紧接着刀下挂，这里也解释了为何古籍图示中只提膝而刀还没有下挂，就是说先提膝躲闪。

5. 外看刀势——迎推刺刀势

我双手持刀对敌，身体接近直立，右侧空出（《单刀法选》里叫外看刀势）（图5–13）；敌出枪刺我头面部，我双手持刀向外推敌枪杆，然后可以进步，随便砍杀（图5–14、图5–15）；如敌虚扎，我推刀后敌抽枪接着扎我正面，我左脚向右脚后偷步，身体左转，刀往回砍，断敌枪杆。（图5–16）

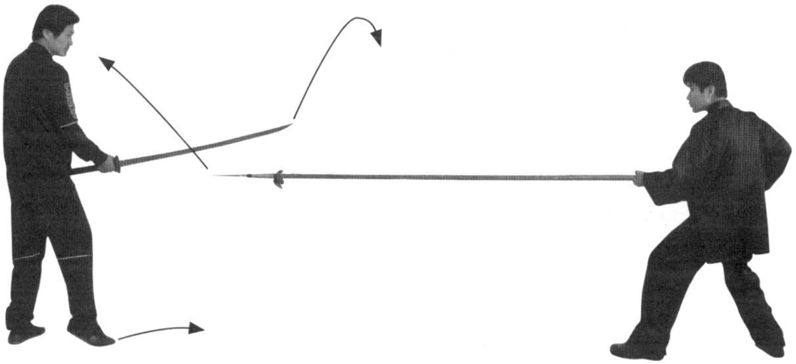

图5–13

图5–14

图5-15

图5-16

说明：此处外看刀势结合程冲斗《单刀法选》。

6. 上弓刀势——斜削刀势、前刺刀势

我双手持刀对敌，刀柄在左，刀尖右摆，露出身体正面（图5–17）；敌持枪深刺来，我身体左转，向左下削刀砍削敌枪杆（图5–18）；敌枪杆不被砍断也得被我砍入，敌必回拉，我顺势上步前刺敌。（图5–19）

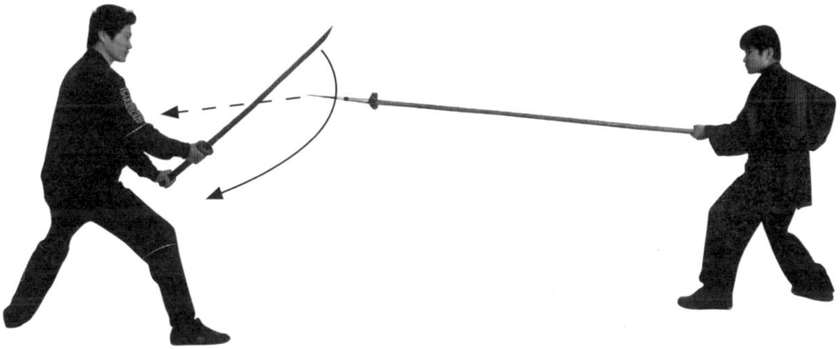

图5–17

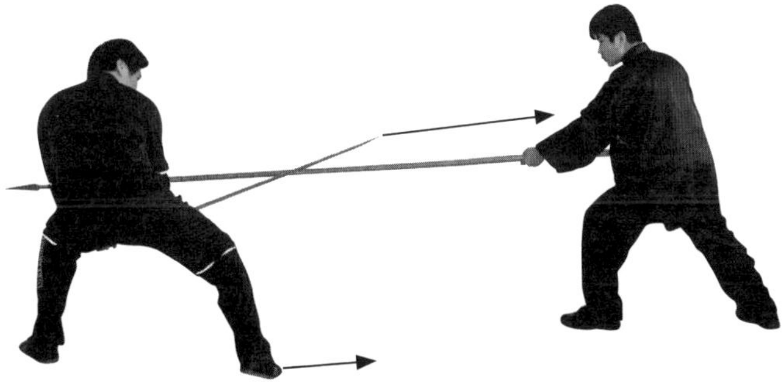

图5–18

图5-19

说明：此处削刀势结合吴殳《单刀图说》。吴殳将渔阳老人的剑法融合到刀法里面，他破枪推崇“削法”，即削枪杆。

7. 单摆刀势（低看刀势）

我左脚在前，双手持刀，刀柄在右，刀尖偏左，露出右面身体对敌（图5-20）；敌枪刺来，我用刀向右一格（图5-21）；上右步，劈砍敌（图5-22）；如敌在我右格的时候退步抽枪刺我左侧，我右脚进步跟枪，向左一格成为上弓刀势（图5-23、图5-24）；再进步砍敌。

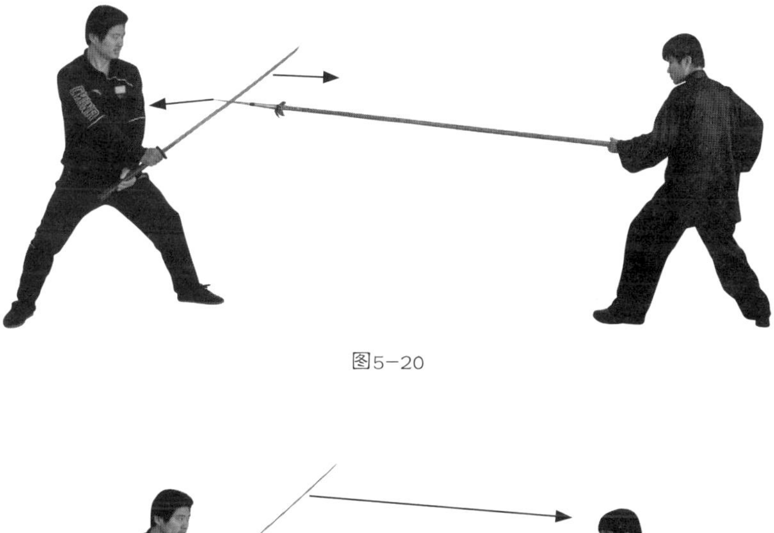

图5-20

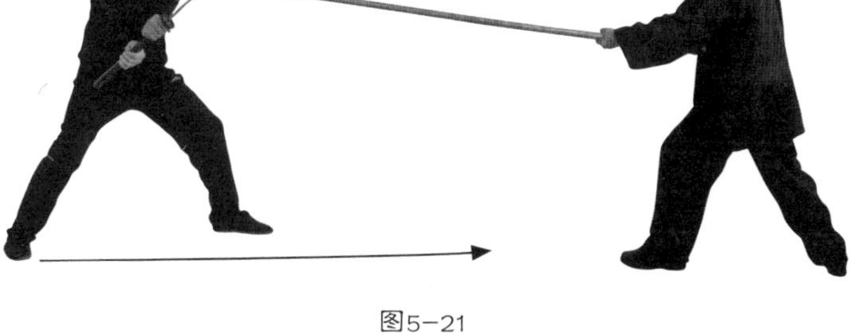

图5-21

图5-22

图5-23

图5-24

说明：《单刀法选》介绍上弓刀势与低看刀势是左右格枪，进步跟枪勿离，就是防虚枪，也是左右格挡的防守姿势。《单刀图说》上吴殳讲：上弓势，外看势，则右定膝势之子也。这两势也可以在右定膝刀势的基础上变化。

8. 上弓刀势——滑拿一刀势

我以上弓刀势持刀对敌（图5-25）；敌持长枪向我下盘腿脚部刺来，我用刀背向下挂开敌枪（图5-26）；因敌枪长，我右脚蹬地起跳向前跳步，左脚上提前跃，高举刀，敌迅速退步（图5-27）；我双脚落地，敌离我距离较远，我探身抬后腿，劈砍敌。（图5-28）

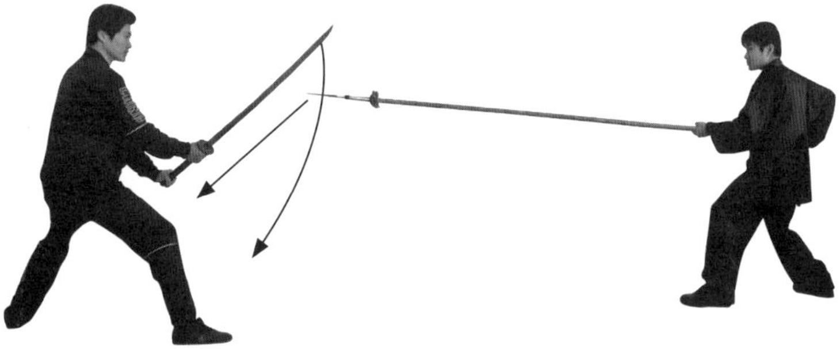

图5-25

图5-26

图5-27

图5-28

说明： 此刀势是追击刺枪失败极速后退之敌。

9. 翻身劈刀势

（1）战阵中我正击杀前面之敌，突然后面有敌持枪刺来（图5–29）；我迅速左转身，斜劈敌枪杆，顺枪杆上步击敌。（图5–30）

（2）战阵中我正击杀前面之敌，突然后面有敌持刀来攻（图5–31）；我迅速左转身，劈砍敌。（图5–32）

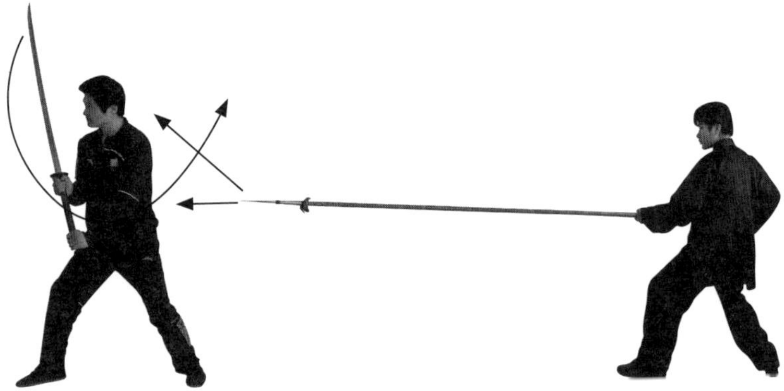

图5–29

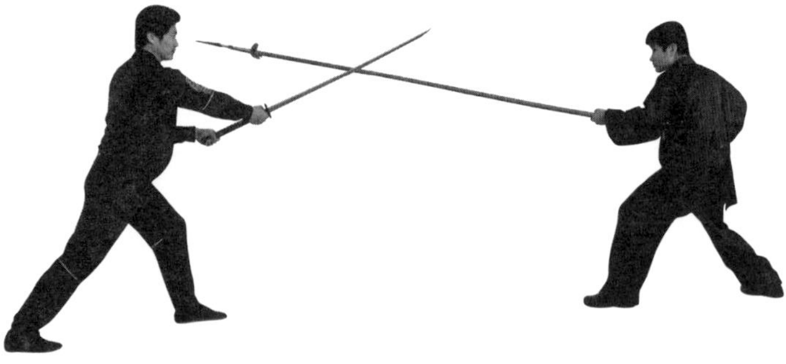

图5–30

图5－31

图5－32

说明：此刀势是顺势而击。背后突然来敌，如果转身对峙已经来不及，况且面前之敌可能也攻击你，所以顺势翻身快速顺捷。

10. 单回刀势（单提刀势）——单刺刀势

我右手持刀，身体略右转，左手向里开，露出左侧腹部与肋部对敌（图5-33）；敌持枪刺来，我左脚向右斜进步，左手向下向外拨枪杆（图5-34）；身体左转，右脚急上步，右手持刀直刺敌。（图5-35）

图5-33

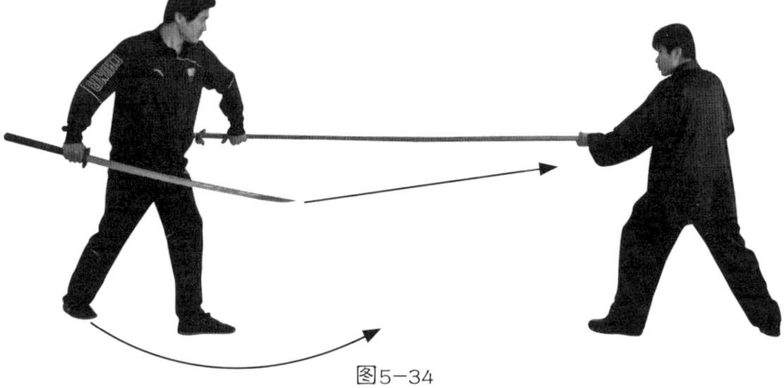

图5-34

图5-35

说明：此势可结合《单刀法选》。单回刀就是单提刀势，也是一个对敌姿势，同时也是诱敌姿势。

11. 担肩刀势

我将刀扛在肩膀上，左手外开，露出腹部与肋部，诱使敌前刺（图5–36）；敌见有机可乘，持枪刺我，我右转身，左脚向左斜前方跳步，右脚跟随，同时左臂屈肘向右拦开枪（图5–37）；上右步砍杀敌。（图5–38）

图5–36

图5–37

图5-38

说明：左斜闪步与屈臂内格同时完成。

12. 单刺刀势——戳把势

实战中敌枪偏于我的右侧，我抓住时机上右步刺敌（图5–39）；敌退步向左格开我刀（图5–40）；随后敌扎我面部，我退右步，就势上提刀柄，持刀上架敌枪，我头部从我刀背下闪出，左手前伸拨抓枪杆（图5–41）；上右步用刀柄猛砸敌面部。（图5–42）

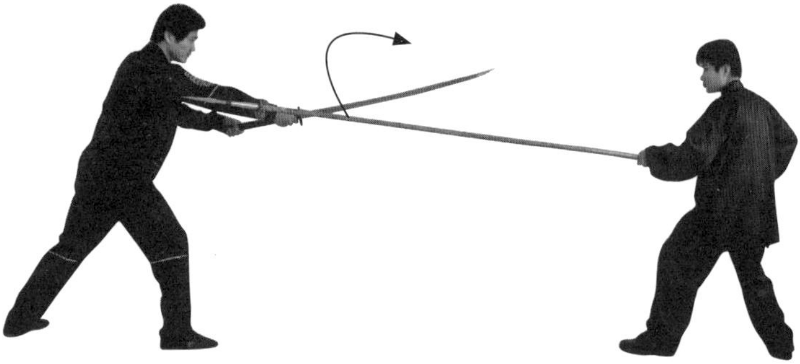

图5–39

图5–40

图5-41

图5-42

说明：此势参考《单刀法选》单刺刀势，是对付短枪的技术。格开枪后距离太近，无法挥刀，所以用刀柄戳击。

13. 斜削刀势

我抱刀在怀中，右侧身体露出对敌（图5–43）；敌出枪扎我右脚，我持刀向右斜下猛削敌枪杆格开（图5–44）；敌抽枪又扎我面部，我左脚偷步，双手持刀向上、向里拨开敌枪（图5–45）；上右步顺砍敌一刀。（图5–46）

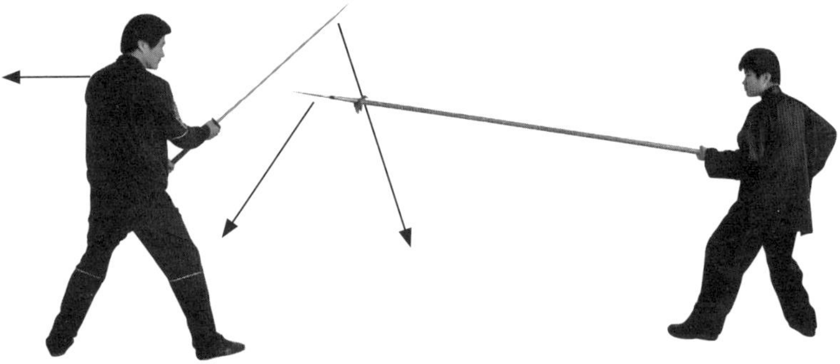

图5–43

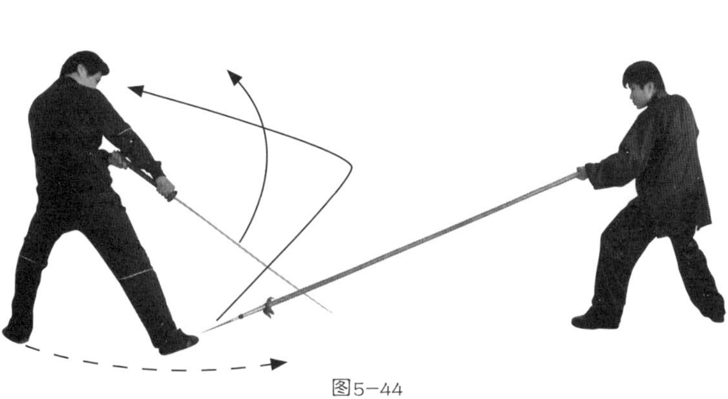

图5–44

图5-45

图5-46

说明：此斜削刀势与6斜削刀势不是一个动作。

14. 右撩刀势

（1）我左脚在前，双手持刀置于身体右侧对敌，露出左侧身体，诱使敌枪刺我（图5-47）；敌见我空当，持枪刺我头面部，我将刀自下斜撩而上，刀柄高于刀身，砍敌枪杆（图5-48）；然后上右步左撩刀砍杀敌身体。（图5-49）

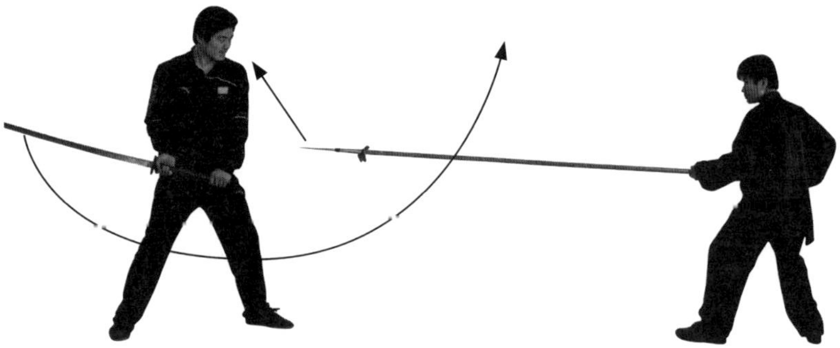

图5-47

图5-48

图5-49

说明：此势结合《单刀图说》。

（2）我左脚在前，双手持刀置于身体右侧对敌，露出左侧身体，诱使敌枪刺我（图5-50）；敌见我空当，持枪刺我胸部或头部上盘，我将刀自下斜撩而上，刀柄在下，向左斜削格开枪杆（图5-51），注意此动作与上一动作不同；然后上右步顺枪杆砍杀敌。（图5-52）

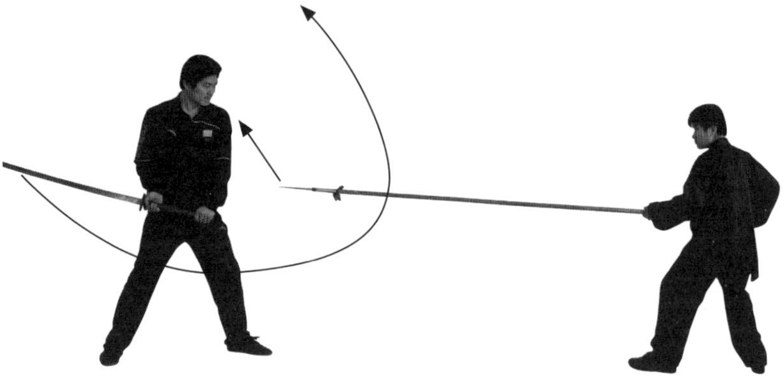

图5-50

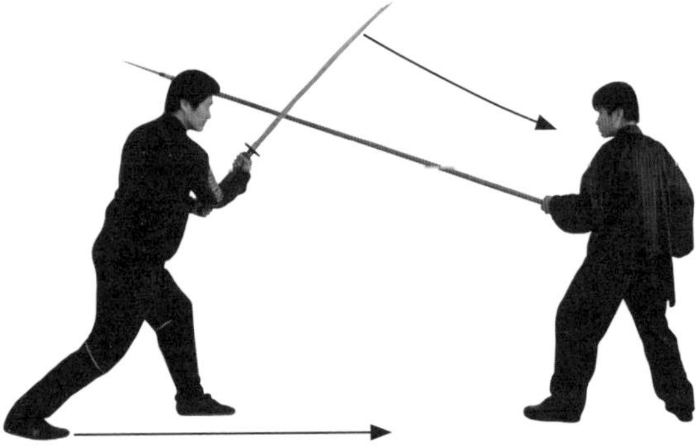

图5-51

图5-52

15. 左撩刀势

（1）我右脚在前，双手持刀置于身体左侧对敌，露出右侧身体，诱使敌枪刺我（图5-53）；敌见我空当，持枪刺我头面部，我将刀自下斜撩而上，砍敌枪杆（图5-54）；紧接着上左步，用削刀势削敌手或身体（图5-55），也可根据情况随便砍杀敌。

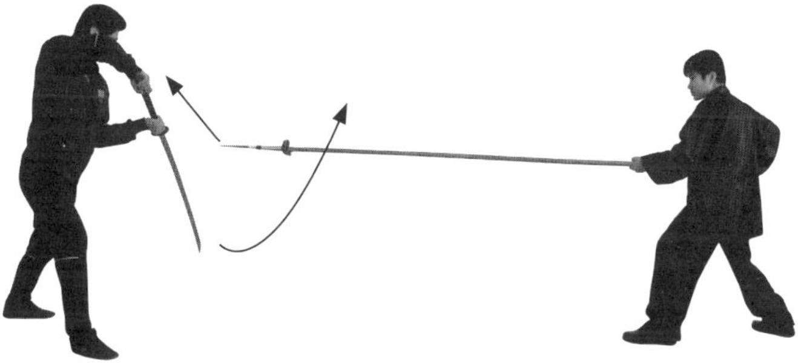

图5-53

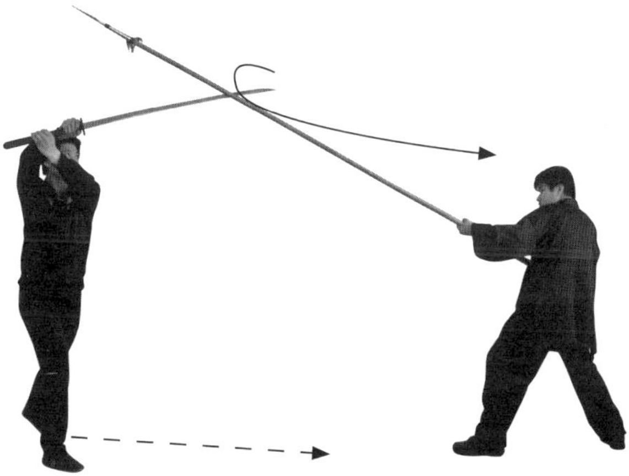

图5-54

图5-55

（2）我右脚在前，双手持刀置于身体左侧对敌，露出右侧身体，诱使敌枪刺我（图5-56）；敌见我空当，持枪刺我胸部或头部上盘，我将刀自下斜撩而上，刀柄在下，刀身在上，向右斜削格开枪杆（图5-57）；上左步顺枪杆劈砍杀敌。

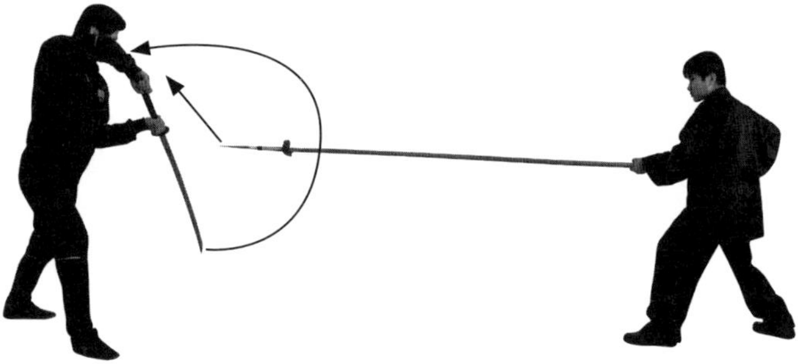

图5-56

图5-57

说明：左撩刀与右撩刀，程冲斗称“倭奴之绝技”，可见这两势的奥妙。

16. 右跳砍刀势

我左脚在前持刀对敌，敌持长枪向我下盘脚部刺来，我用刀背向下挂开敌枪（图5–58）；左脚上半步起跳，右脚腾空前跃（图5–59）；右脚落地，左脚后插，双手持刀向右劈砍敌。（图5–60）

图5–58

图5–59

图5–60

17. 藏刀势

我腰间藏小刀数把，对敌时，身体左侧向敌，双手持刀在右侧高举，使敌感觉不到我要进攻，放松警惕，我左手偷偷持一把小刀向敌扔出，敌被我突然扔出的飞刀吓一跳，急忙招架（图5-61）；我趁机持刀进步劈敌。（图5-62）

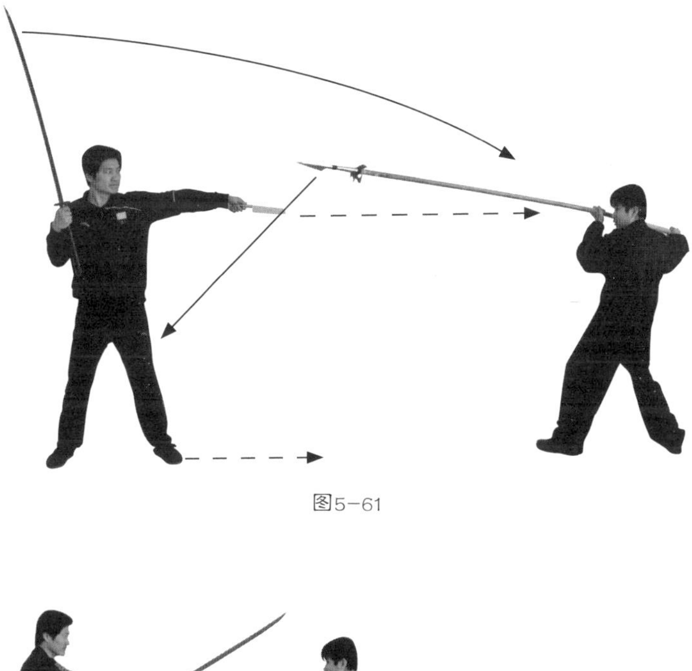

图5-61

图5-62

说明：此势在现今的套路里是一个带有含义的动作，而用的法则是按照《单刀法选》解释。

18. 朝天刀势

我以左肩与左侧后背对敌，双手持刀高举，露出空当（图5-63）；敌见机持枪扎我左小腿，我左腿提膝躲闪的同时，双手持刀以刀背向下挂开枪（图5-64）；左脚落地，左转身，进右步，砍杀敌。（图5-65）

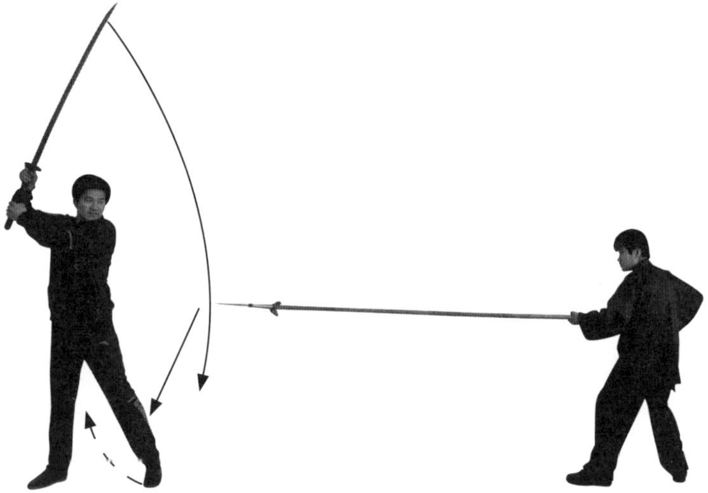

图5-63

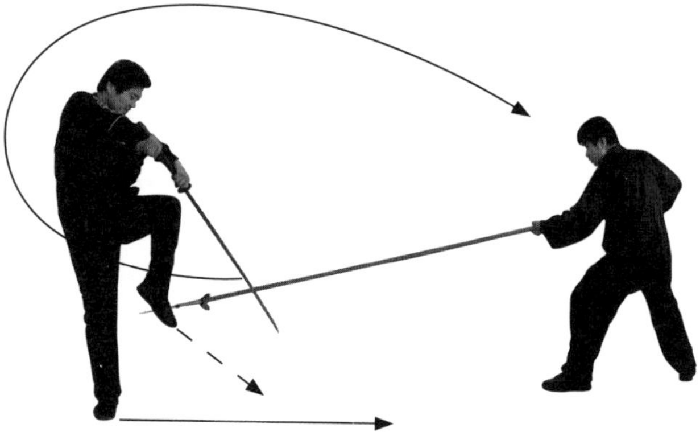

图5-64

图5-65

说明：吴殳在《单刀图说》里说，独立势是朝天刀势之子，说明两势有一定关联。再参见《单刀法选》，原文说悬起左足，说明提膝是在对方扎入时提膝，由此也印证了独立势的用法。吴殳在《手臂录》里说枪法守时“见肉分枪”，就是说敌人扎到我肉体时才防守分枪，这样敌不能变化，但刀离枪远，要实现见肉分枪就需要先提膝，由此相互印证，独立势与朝天刀势用法一目了然，与社会上的解释完全不是一回事。

19. 点刀势

我左脚在前持刀对敌，敌持长枪向我下盘腿部刺来，我用刀背向下挂开敌枪（图5-66）；因敌枪长，快速后退抽枪，准备再刺我，我左脚蹬地向前跳步，右腿提膝，刀从体侧绕上来，向前在空中点劈敌头部。（图5-67）

图5-66

图5-67

说明：右腿的提膝利于空中向下发力，如果不提膝，空中动作则不协调，无法发力。此势是追快速后退之敌的刀法。

20. 右定膝刀势

我右膝在前，按照单练时的定膝势对敌（图5–68）；敌持枪从我左侧扎来，我刀向左一拨（图5–69）；进左步，刀贴枪杆向前削敌手（图5–70）；敌扎我脚，我刀从右向下一提，向左格开敌枪杆（图5–71）；进步随便砍杀。敌扎我面部，我用刀上砍敌枪杆；敌用枪法的拿法从我右侧拿我刀（图5–72），我右脚后撤，上身直立，刀脱离开敌枪，成外看刀势，见机行事（图5–73）；敌从我左侧用枪法的拦法栏我刀（图5–74），我后脚后撤半步，前脚紧跟后撤半步，刀脱离枪保持距离，成上弓刀势，见机行事（图5–75）；一旦近身，随便砍杀敌。

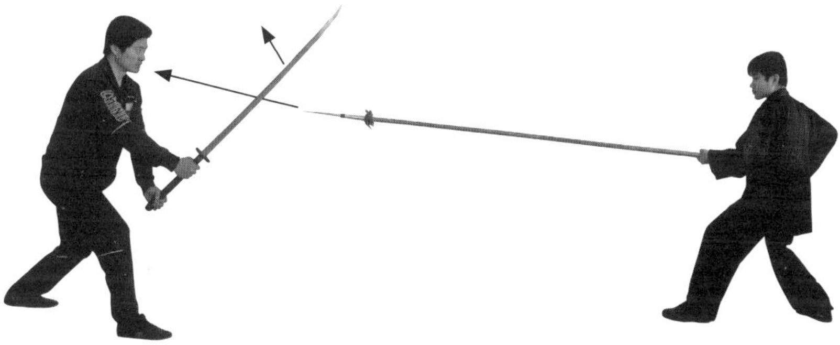

图5–68

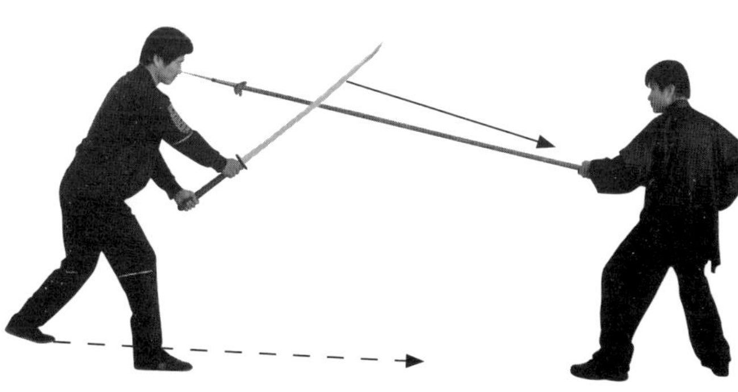

图5–69

图5-70

图5-71

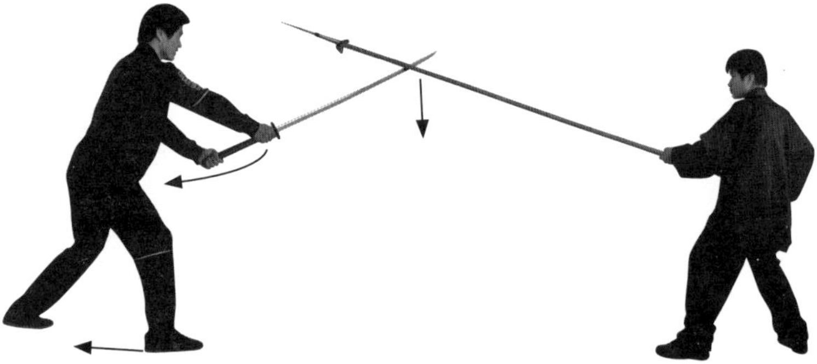

图5-72

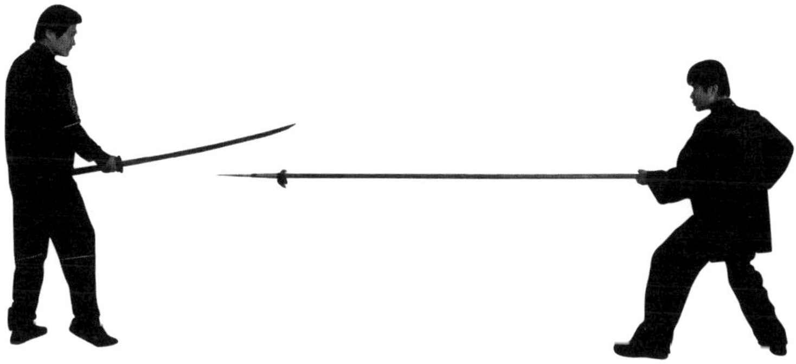

图5-73

图5-74

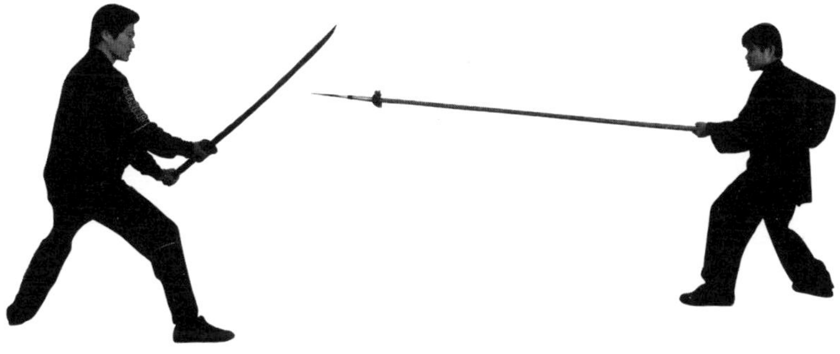

图5-75

21. 反点刀势

我以上弓刀势露出正面身体对敌（图5–76）；敌持刀向外手部刺来，我重心后移，前脚后收，用刀背向左搅刀（图5–77）；粘住敌刀后将敌刀搅至我刀右侧，此时我刀刃向上，顺势用刀尖反点敌手。（图5–78、图5–79）

图5–76

图5–77

图5-78

图5-79

说明：此势用于对付短兵器。

22. 拗步斜削刀势

我以上弓刀势露出正面身体对敌（图5-80）；敌持枪向我正面刺来，我持刀向左下斜削敌枪杆，削开的同时，左脚进步，进到敌枪杆里侧成拗步（图5-81）；随后进右步随便砍杀敌。

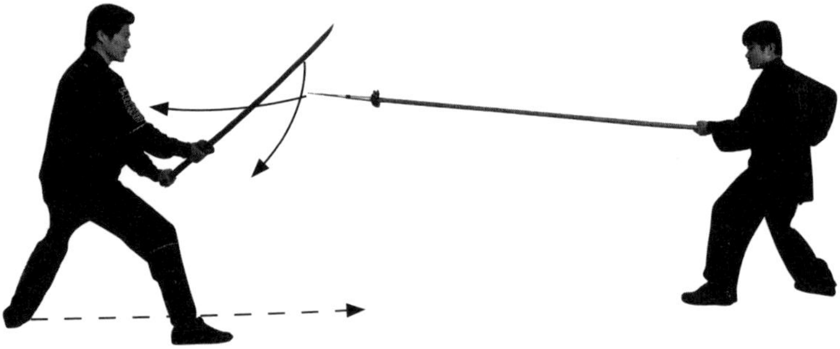

图5-80

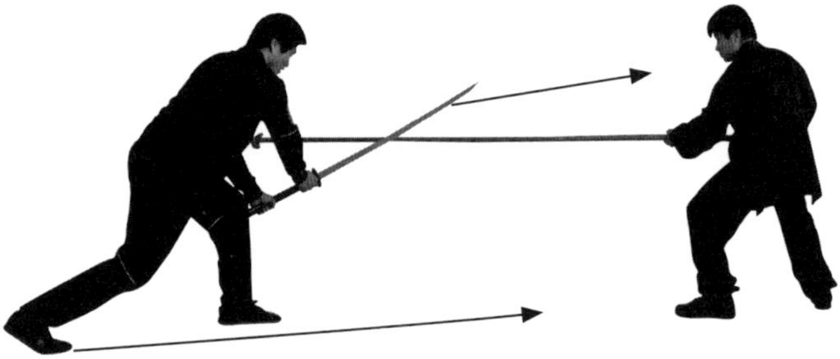

图5-81

说明：此势参考吴殳《单刀图说》的解释。

23. 黄闷刀势——弓步推刀势

我以右定膝势对敌，敌直接扎我小腿或腹部，我后脚进半步，右手持刀向下向右格敌枪，左手同时按住刀背辅助，将敌枪杆按向右侧（图5-82）；紧接着左脚上一大步，双手快速向前推刀顺枪杆削敌双手，如敌枪长，脚下要连上几步。（图5-83）

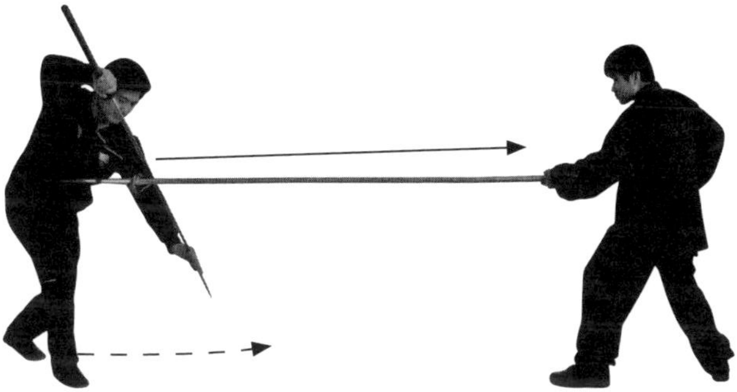

图5-82

图5-83

说明：此势不能对付刀类，因为刀类有刀盘保护。除了对付枪，也可以对付棍等没有护手的兵器。

24. 埋头刀势——拨刀斜砍势

我以埋头刀势对敌，此势与入洞势的不同在于，此势是左手捏住刀背（图5-84）；敌枪突然刺我面部，来枪太急，我招架已经来不及，则上身迅速后仰，同时双手持刀上架，也就是先闪后架（图5-85）；敌一击不成，抽枪再扎我腹部，我左手推刀向左再向右拨开敌枪，前脚后收，含胸收腹（图5-86）；格开后进步于敌枪杆里侧，挥刀上举（图5-87）；上右步双手持刀下劈敌头颈部。（图5-88）

图5-84

图5-85

图5-86

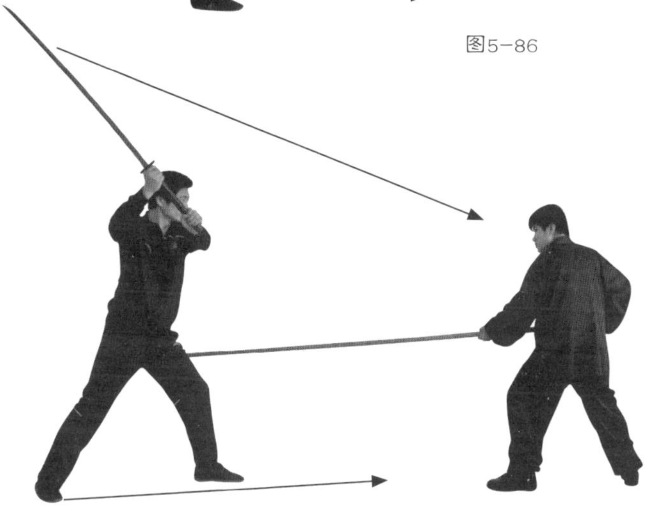

图5-87

图5-88

说明：此势是因为敌来枪太急，来不及格挡，所以边闪边架，架开后敌换下刺，我刀顺势快速下防后反击。

25. 回身劈点刀势

我正在与前面之敌对峙（图5–89）；突然有敌从后面持刀冲来，在敌出刀之前，我上身后仰，持刀从右肩之上向后用刀尖反劈敌，敌猝不及防，被我劈倒（图5–90）；然后我上身迅速回位与前方之敌继续对峙。

图5–89

图5–90

说明：此势是与前方之敌对峙时，背后突然来敌，我先发制人的绝妙招法，否则会形成前后夹击，手足无措。

26. 左定膝刀势——单手后撩刀势

我以左定膝刀势正在对峙前面之敌（图5-91）；突然有敌从后面持刀冲来，在敌出刀之前，我右手持刀从下向后反撩，敌猝不及防，被我击中双臂（图5-92）；我上身迅速回位与前方之敌继续对峙。

图5-91

图5-92

说明：对付后面之敌时，前面之敌还在我方的控制范围之内。

27. 右撩点刀势

我与敌方持刀对峙（图5-93）；我右脚左斜前方上步，突然用刀向敌右侧身体外侧撩刀，并没有直接撩敌身体，敌见状本能地向左侧躲闪（图5-94）；我突然右转身，左脚弧形上步，左手快速换把，点劈敌头部。（图5-95）

图5-93

图5-94

说明： 此刀法结合了吴殳的换把，撩刀是虚，点刀是实，声东击西，敌往往猝不及防。

图5-95

28. 右撩劈刀势

我与敌持刀对峙（图5–96）；我略进步，突然用刀向敌右侧身体外侧撩刀，并没有直接撩敌身体，此时由于我故意离敌有一定距离，敌如果这个时候攻击我，我也能迅速回防，但是敌此时进攻的可能性并不大，而是本能地向左侧躲闪（图5–97）；我突然直接用刀背往回劈敌头部。（图5–98）

图5–96

图5–97

图5–98

说明：撩刀是虚，故意诱使敌左闪，反劈刀是实，也是声东击西之法，虚张声势，突然出击。

29. 抱打劈刀势

敌持铁质重武器与我对峙，我见敌武器太硬，恐刀刃碰坏，所以外旋腕使刀背朝前对敌（图5-99）；敌横扫而来，我向左斜下用刀背猛砸敌兵器，如敌铁质武器重量大，如此一砸，往往脱手，或虎口发麻。（图5-100）

图5-99

图5-100

说明：虽然苗刀假设敌为枪手，但同时也要考虑应付其他不同兵器。此势参考《单刀法选》刀背格铁器势。

30. 劈剁进刀势

我与敌持刀对峙（图5–101）；我前脚上步，后脚跟步，双手持刀劈敌头部，动作要小（图5–102）；敌因我动作太小，空当太少，无法防守，也无法近身，必然后退，我下劈至胸腹部高度再猛挑起（图5–103）；再劈（图5–104），反复劈挑。敌若继续后退，我乘胜追击。敌若格挡，我下劈敌刀，上挑敌刀，进步连续进攻。

图5–101

图5–102

图5-103

图5-104

说明： 此势可结合《辛酉刀法》向前击贼势的理解，也可以参照《纪效新书·大棒解》来理解。解中说：一打一揭，遍身着力，步步进前，天下无敌。就是说这种反复劈挑的动作，动作不宜过大，过大敌防开后就可以近身，小的动作，敌人防不可防，攻不可攻，时间久了，必被我所砍杀。

参考文献

［1］康戈武. 中国武术实用大全［M］. 北京：今日中国出版社，1990.
［2］郭瑞祥. 苗刀技法［M］. 北京：人民体育出版社，2004.
［3］马明达. 说剑丛稿（增订本）［M］. 北京：中华书局，2007.
［4］马力. 中国古典武学秘籍录［M］. 北京：人民体育出版社，2006.
［5］刘旭. 中国古代兵器图册［M］. 北京：北京图书馆出版社，1986.